CD(MP3)付き　場面で学ぶ

ドイツ語基本単語

真道 杉　小笠原藤子　鈴木伸一［著］

三修社

はじめに

ヨーロッパではEUの拡大にしたがって、様々な言語を母語とする人々がますます密に共存するようになりましたが、それにともなって言語の壁を克服するための外国語学習の状況も大きな変化を見せています。その影響は日本の外国語学習にも及んでおり、例えばドイツ語の学習現場においても、コミュニケーション能力の育成を主軸にすえた学習プログラムが重視されるようになってきています。

筆者3人は1998年日本に導入されたÖSD（オーストリア政府公認ドイツ語能力検定試験）に携わる中で、学習者が試験準備のために基本語彙を学べるような単語集の必要性を痛感し、その結果、本書を執筆するに至りました。場面ごとに必要な重要単語を網羅していますので、初級ドイツ語学習の副教材として、また、ÖSDのGrundstufe Deutsch 1 (A1)、Grundstufe Deutsch 2 (A2)、Goethe InstitutのStart Deutsch 1 (A1) 及びStart Deutsch 2 (A2) 、そして独検5級、4級、3級の準備教材として、幅広くご活用ください。

本書の主な特徴は：

1. ヨーロッパにおける外国語学習の指針として用いられている、Common European Framework of Reference for Languages(CEFR)（「外国語学習のための・教授・評価のためのヨーロッパ言語共通参照枠」に準拠して作成されたデータベースProfile deutsch（Globaniat他、Langenscheidt 2005）のA1，A2レベルの語彙をもとに、日本人学習者に必要と思われる単語を取捨選択・補足しました。また、このデータベースに基づき、オーストリアやスイスで用いられる標準語も取り入れました。
2. ヨーロッパと日本の文化や言語コミュニケーションの差異を考慮して、それぞれの単語が特定のコンテクスト内でどのように使用されるのかを、フレーズ及び例文でできるだけ具体的に示しました。受け答えや相槌なども含めた自然な言葉の流れを提示してあります。

この単語集の作成に当たり、多くの方々にご協力いただきました。企画、構成からドイツ語表現まで様々な角度からアドバイスをくださったBertlinde Vögelさん、ドイツ語のチェックをしてくださったMarkus Grasmückさん、Grasmückさんと一緒にドイツ語の録音に協力してくださったImke Lenzさん。そして、辛抱強く校了を待ってくださった三修社の永尾真理さんに厚く御礼申し上げます。

この単語集が、みなさんのドイツ語学習に役立てば幸いです。

著者一同

2013年5月

Inhalt

はじめに
本書の使い方

I 基本単語と表現

1. 基数詞 …… 14
2. 序数詞 …… 15
3. 分数・割合 …… 15
4. 年・世紀・時代 …… 16
5. 四季 …… 16
6. 月 …… 17
7. 曜日・日付 …… 17
8. 朝・昼・晩 …… 18
9. 時刻 …… 19
10. 時間の長さ …… 21
11. 頻度 …… 22
12. 可能性 …… 22
13. 距離・面積 …… 23
14. 重量・容積 …… 23
15. 分量 …… 24
16. 人・物 …… 25
17. 評価 …… 26
18. 国と地域・言語 …… 27
19. 方角 …… 29
20. 色 …… 29
21. 知っておきたい表現 …… 30
22. 知っておくと便利な相槌 …… 31
23. 知っておくと便利な心態詞 …… 33
24. 知っておくと便利な間投詞・副詞など …… 34

25. 知っておきたい形容詞 …… 35
26. 知覚動詞および関連語 …… 36
27. 身体の基本動作 …… 36
28. 思考・希望・伝達 …… 37
29. 生活の基本動作 …… 38

Ⅱ テーマ別語彙と会話例

コミュニケーション

1. 挨拶 …… 42
2. 場面に応じた挨拶 …… 44
3. パーティ・お祝い …… 46
4. 招待・約束 …… 48
5. コンピューター …… 50
6. 電話・ファックス・手紙・メール …… 51

人物紹介

1. 名前 …… 55
2. 身分証明書 …… 58
3. 住所 …… 59
4. 誕生日・年齢 …… 61
5. 性別 …… 62
6. 家族・恋人 …… 63
7. 家族・親戚・知人 …… 65
8. 国籍と出身地 …… 66
9. 宗教 …… 68
10. 性格 …… 70
11. 容姿 …… 71

食事

1. 日常の食事 …… 73
2. 料理・食器 …… 75
3. 飲食店・軽食店 …… 81
4. 注文 …… 82
5. 予約・支払い …… 84
6. アルコール …… 86
7. タバコ …… 87

住まい

1. 住居 …… 89
2. 住まいの賃貸 …… 91
3. 部屋・浴室 …… 93
4. ドア・窓 …… 94
5. 階段・エレベーター …… 95
6. 家の外周り …… 97
7. 家具調度品 …… 98
8. 電化製品 …… 99
9. 水道・ガス・電気 …… 101
10. 家事 …… 102

日常の移動

1. 外出 …… 104
2. 道の尋ね方（1） …… 106
3. 道の尋ね方（2） …… 107
4. 乗り物（1） …… 109
5. 乗り物（2） …… 111
6. 車 …… 112
7. 道路 …… 114
8. 交通マナー …… 116
9. 車の故障 …… 117

ミニ文法

1. 場所を表す基本的な前置詞 …… 118
2. 交通手段を表す mit …… 119

買い物

1. 市場・スーパーマーケット …… 120
2. デパート・小売店 …… 122
3. 注文・返品 …… 123
4. 支払い・両替 …… 125
5. 衣類 …… 126
6. 身の回り品 …… 128

学校

1. 施設・関係者 …… 130
2. 授業：学校・大学 …… 132
3. 授業：語学学校 …… 135
4. 質問 …… 137
5. 語学 …… 139
6. テスト …… 140

仕事

1. 職業 …… 142
2. 仕事の内容・条件 …… 144
3. 職場 …… 146
4. オフィス …… 148
5. 就職活動・研修 …… 149

趣味・娯楽

1. 余暇・バカンス …… 151
2. 趣味 …… 153

3. 写真・絵画……155
4. 新聞・読書……156
5. テレビ・ラジオ……158
6. スポーツ（1）……159
7. スポーツ（2）……160
8. 映画・演劇・コンサート……163
9. チケット・ホール……165
10. イベント……166

旅行

1. 旅行の計画……168
2. 観光……170
3. 駅・乗車券……172
4. 駅……173
5. 空港……175
6. 荷物……176
7. 宿泊……177
8. 入国手続き……179
9. 郵便……181
10. 銀行……182
11. トラブル……184

健康

1. 身だしなみ……186
2. 心身の状態……187
3. 体調……189
4. 病気……191
5. 病院……192

環境

1. 都市……194
2. 自然：陸・山・緑地……195

3. 自然：海・川 …… 197
4. 自然：草木・花 …… 198
5. 自然：生き物 …… 199
6. 気候・天気 …… 201
7. 天気予報 …… 203

社会

1. 世界情勢 …… 205
2. 経済 …… 206
3. 政治 …… 208

政治に関する予備知識 …… 210

Ⅲ 文法 213

I 語順
II 代名詞
III 名詞・冠詞
IV 動詞の人称変化（現在形・過去形）
V 動詞の格支配
VI 分離動詞
VII 命令形
VIII 話法の助動詞
IX zu 不定詞句
X 接続法 II 式
XI 現在完了形
XII 前置詞
XIII 接続詞
XIV 関係文
XV 名詞の修飾 1（前からの修飾）
XVI 名詞の修飾 2（後ろからの修飾）
XVII 比較表現
動詞の不規則変化表

Ⅳ インデックス 239

〔コラム〕

● 挨拶 …… 43
● イースターの過ごし方／グリューワイン …… 47
●「あなた」を表す Sie と du …… 57
● サインとハンコ …… 59
● 住所の表示 …… 60
● Freund/Mann と Freundin/Frau …… 64
● ドイツ語圏と日本の宗教 …… 70
● 宗教による食の違い …… 75
● Quark と Topfen ／食材のドイツ語様々 …… 80
● 店員さんへの呼びかけ方／ファストフード …… 82
● チップの渡し方 …… 85
● 乾杯！ …… 86
● Kiosk と Tabaktrafik …… 88
● Bad と Toilette …… 94
● ドアのノックについて …… 95
● ドイツ語の階の表示 …… 96
● Gartenkultur …… 97
● 切符事情 …… 110
● mit dem Auto fahren と Auto fahren …… 113
● ガソリンスタンド事情 …… 113
● アウトバーン …… 115
● おつりのもらい方 …… 122
● エコバッグ …… 129
● 高校卒業資格試験 …… 132
● 今日はここまで …… 134
● Wörter と Worte …… 136
● 言葉に詰まったとき、言い直したいとき …… 138
● 職業、身分、国籍を表すときは無冠詞 …… 144
● 職場の du と Sie …… 147
● 大学生の研修 …… 150
● クラブについて …… 160
● 国が変わればスポーツも？ …… 161
● ヨーロッパの禁煙事情 …… 174
● パスポート・ビザ …… 180
● 郵便事情 …… 182
● 統一通貨ユーロ …… 183
● ドイツのペット …… 201
● Biowetter …… 204
● 講和条約（Friedensvertrag）…… 206
● 政体と国家元首 …… 209

本書の使い方

記号・略号

j^3	人の３格	*j= jemand
j^4	人の４格	
et^3	物事の３格	*et=etwas
et^4	物事の４格	
$sich^3$	３格の再帰代名詞	
$sich^4$	４格の再帰代名詞	
場所^3	場所を表す名詞の３格	
場所^4	場所を表す名詞の４格	

その他、会社名^{3}等の表記は上記に準じる

(通常単数形)	通常は単数形で使われる単語
(通常複数形)	通常は複数形で使われる単語
(単数で)	単数形では「〜の意味になる」という単語
(複数で)	複数形では「〜の意味になる」という単語
(単数のみ)	単数形のみの単語
(複数のみ)	複数形のみの単語
	ドイツの一部地域で使われる表現
	主にオーストリアとドイツ南部で使われる表現
	スイスで使われる表現
(形容詞変化)	形容詞と同じ変化をする名詞
-	ハイフンの箇所に接頭辞、接尾辞あるいは語尾変化を伴って、語を形成する 例： weg- : weggehen, wegfahren など -mal: dreimal, viermal など ander-: andere, anderer など
日本語―ドイツ語語尾	ハイフンは表記せず１語となる。 (例：序数詞 -en: ersten, zweiten など)
(*s*)	sein 支配の動詞（現在完了形）
分離動詞	前つづり | 基幹動詞 （例： auf|stehen）

単語・表現の重要度

das Auto, -s/-s **Auto fahren**	最重要：	A1 レベルで、「読む」、「聞く」だけでなく、「書く」、「話す」能力が要求されるもの
mieten **transportieren**	重要：	A2 レベルにおいて、「読む」、「聞く」だけでなく、「書く」、「話す」能力が要求されるもの
der Leihwagen der Mietwagen	その他：	主に A2 において「読む」、「聞く」能力が要求されるが、「書く」、「話す」能力が B1 以上で要求されるもの 学習者が必要に応じて習得するもの

222

6 車

最重要

das Auto, -s/-s	車	**der/das Liter**, -s/-	リットル
Auto fahren	車を運転する	**das Benzin**, -s/（単数のみ）	ガソリン
der Wagen, -s/- (🇦🇹 Wägen)	車	**der Parkplatz**, -(e)s/-plätze	駐車場
der Leihwagen	レンタカー	die Tankstelle, -/-n	ガソリンスタンド
der Mietwagen	レンタカー		
der Lastwagen, -s/-	トラック	tanken	ガソリンを入れる
der Lkw / LKW, -(s)/-s	トラック（Lastkraftwagen の略）	voll tanken	満タンにする
der Camion, -s/-s	トラック 🇨🇭	**mieten**	借りる
der Pkw / PKW, -s/-s	自家用車（Personenkraftwagen の略）	**transportieren**	輸送する
der PW	自家用車 🇨🇭		

その他

重要

男性形	女性形	
der Fahrer, -s/-	die Fahrerin, -/-nen	運転手
der Chauffeur, -s/-e	die Chauffeurin, -/-nen	運転手 🇦🇹 🇨🇭

I

基本単語と表現

Allgemeiner Wortschatz und Ausdrücke

1

1 基数詞

die Zahl, -/-en 数

zählen 数える

0	**null**	22	**zweiundzwanzig**
1	**eins**	23	**dreiundzwanzig**
2	**zwei**	24	**vierundzwanzig**
3	**drei**	25	**fünfundzwanzig**
4	**vier**	26	**sechsundzwanzig**
5	**fünf**	27	**siebenundzwanzig**
6	**sechs**	28	**achtundzwanzig**
7	**sieben**	29	**neunundzwanzig**
8	**acht**	30	**dreißig**
9	**neun**	40	**vierzig**
10	**zehn**	50	**fünfzig**
11	**elf**	60	**sechzig**
12	**zwölf**	70	**siebzig**
13	**dreizehn**	80	**achtzig**
14	**vierzehn**	90	**neunzig**
15	**fünfzehn**	100	**(ein)hundert**
16	**sechzehn**	200	**zweihundert**
17	**siebzehn**	1000	**(ein)tausend**
18	**achtzehn**	10 000	**zehntausend**
19	**neunzehn**	100 000	**hunderttausend**
20	**zwanzig**	1 000 000	**eine Million**
21	**einundzwanzig**	2 000 000	**zwei Millionen**

148 (ein)hundertachtundvierzig
3296 dreitausendzweihundertsechsundneunzig

plus プラス

minus マイナス

● 基数詞の使い方

Ich sehe dort drei Frauen. あそこに3名の女性が見えます。

Drei plus vier ist sieben. 3 + 4 = 7

eins 以外は語尾変化をしません。

zwei をはっきりと示したい電話などのときは、zwo と発音します。

書き言葉では、10 あたりまでをアルファベットで書くのが一般的です。

2

2 序数詞

1.	**erst-**	14.	**vierzehnt-**
2.	**zweit-**	15.	**fünfzehnt-**
3.	**dritt-**	16.	**sechzehnt-**
4.	**viert-**	17.	**siebzehnt-**
5.	**fünft-**	18.	**achtzehnt-**
6.	**sechst-**	19.	**neunzehnt-**
7.	**sieb(en)t-** ふつうは siebt-	20.	**zwanzigst-**
8.	**acht-**	30.	**dreißigst-**
9.	**neunt-**	40.	**vierzigst-**
10.	**zehnt-**	50.	**fünfzigst-**
11.	**elft-**	100.	**hundertst-**
12.	**zwölft-**	1000.	**tausendst-**
13.	**dreizehnt-**		

序数詞は形容詞変化

3

3 分数・割合

halb	2 分の 1 の / 半分の	**die Hälfte**, -/-n	2 分の 1/ 半分
eineinhalb	1 と 2 分の 1 の	das Drittel, -s/-	3 分の 1
zwei drittel	3 分の 2 の	das Viertel, -s/-	4 分の 1
drei viertel	4 分の 3 の	das Prozent	パーセント（%）
sieben zehntel	10 分の 7 の		

ein halbes Kilo　0.5 キロ

vier fünftel Liter Wein　5 分の 4 リットルのワイン

30 Prozent der Teilnehmer haben heute Kaffee getrunken.
参加者の 30% が今日コーヒーを飲んだ。

ein Drittel des Jahres　1 年の 3 分の 1

4

4 年・世紀・時代

das Jahr, -(e)s/-e	年		
letztes Jahr	去年		
dieses Jahr	今年	heuer	今年
nächstes Jahr	来年		

neunzehnhundertfünfundvierzig	1945 年（に）
im Jahr(e) 2008 (zweitausendacht)	2008 年に
das Jahrhundert, -(e)s/-e（略 Jh.）	百年 / 世紀
das 21. (einundzwanzigste) Jahrhundert	21 世紀
die Zeit, -/-en	時代
die Meiji Zeit	明治時代

Wir fahren nächstes Jahr nach Deutschland.

私たちは来年ドイツへ行きます。

5

5 四季

die vier Jahreszeiten	四季	**im** 季節	～の季節に
Frühling	春	im Sommer	夏に
Sommer	夏		
Herbst	秋		
Winter	冬		

季節は男性名詞

6

6 月

Januar (Jan.)	1月	**der Monat**, -(e)s/-e	月
Jänner (Jän.)	1月	**im** 月名	～月に
Februar (Feb.)	2月	im Januar	1月に
Feber (Feb.)	2月	**Anfang** 月名	～月初旬（に）
März (Mär.)	3月	**Anfang Mai**	5月初旬
April (Apr.)	4月	**Mitte** 月名	～月中旬（に）
Mai	5月	**Mitte Juni**	6月中旬
Juni (Jun.)	6月	**Ende** 月名	～月末（に）
Juli (Jul.)	7月	**Ende April**	4月下旬
August (Aug.)	8月		
September (Sep.)	9月		
Oktober (Okt.)	10月		
November (Nov.)	11月		
Dezember (Dez.)	12月		

月名は男性名詞、カッコ内は略語

7

7 曜日・日付

Montag (Mo.)	月曜日	**am** 曜日	～曜日に
Dienstag (Di.)	火曜日	am Montag	月曜日に
Mittwoch (Mi.)	水曜日	**曜日 -s**	（毎週）～曜日に
Donnerstag (Do.)	木曜日	montags	（毎週）月曜日に
Freitag (Fr.)	金曜日	sonntags geschlossen	日曜定休日
Samstag (Sa.)	土曜日		
Sonnabend (Sa.)	土曜日	**das Datum**, -/Daten	日付 / 年月日
Sonntag (So.)	日曜日	der Wochentag, -(e)s/-e	曜日
die Woche, -/-n	週	**das Wochenende**, -s/-n	週末
		der Werktag, -(e)s/-e	平日
		der Feiertag, -(e)s/-e	祝日

曜日は男性名詞、カッコ内は略語

8

● その他の関連語、組み合わせの表現

vorgestern	一昨日	kommenden Freitag	今度の金曜日に
gestern	昨日	**letzten Sonntag**	この前の日曜日に
heute	今日	**am Wochenende**	週末に
morgen	明日	**nächste Woche**	来週
übermorgen	明後日	morgen früh	明朝早く
diesen Dienstag	この火曜日に		

9

● 日付の表し方

Welchen Tag / Wochentag haben wir heute? 今日は何日 / 何曜日ですか？

Heute haben wir den 5. (fünften) August. 今日は８月５日です。

Welches Datum haben wir morgen? 明日は何日ですか？

Morgen ist der 10. (zehnte) Mai. 明日は５月 10 日です。

Der 27. (siebenundzwanzigste) Februar ist mein Geburtstag.
２月 27 日は私の誕生日です。

Wir treffen uns am Freitag, dem 11. (elften) Oktober.
10 月 11 日の金曜日に会いましょう。

10

8 朝・昼・晩

der Morgen, -s/-	朝 / 午前	**朝／昼／晩 -s**	（毎）朝 / 昼 / 晩に
der Vormittag, -(e)s/-e	午前	**morgens**	（毎）朝に
der Tag, -(e)s/-e	日 / 昼間	**vormittags**	（毎）午前に
der Mittag, -(e)s/-e	正午 / 昼間	**mittags**	（毎）昼に
der Nachmittag, -(e)s/-e	午後	**nachmittags**	（毎）午後に
der Abend, -(e)s/-e	夕方 / 晩	**abends**	（毎）晩に
die Nacht, -/Nächte	夜 / 夜中	**nachts**	（毎）夜に
die Mitternacht, -/	真夜中 /0 時		

am 朝／昼／晩	朝 / 昼 / 晩に
am Morgen	朝に
例外 **in der Nacht**	夜に / 夜中に

11
● 組み合わせの表現

heute Abend	今晩
spät Nachmittag	午後遅くに
(am) Montagnachmittag	月曜午後（に）
samstagvormittags	（毎）土曜午前に

12
● その他よく使われる表現

tagsüber	一日中	die ganze Zeit	ずっと
den ganzen Tag	一日中	die ganze Nacht	夜通し

13
9 時刻

時刻は、会話表現では一般的に12時間制、公式に使用される場合（構内アナウンス、時報など）は24時間制で表されます。12時間制の際、正時だけはUhrを付けますが、Viertel, halbなどが付く場合はUhrを付けないので注意しましょう。朝9時か夜9時かをはっきりさせたい場合は、時間のあとにmorgens, mittags, abends, nachtsなどを補います。

ein Uhr / eins	1時	**sieben (Uhr)**	7時
zwei (Uhr)	2時	**acht (Uhr)**	8時
drei (Uhr)	3時	**neun (Uhr)**	9時
vier (Uhr)	4時	**zehn (Uhr)**	10時
fünf (Uhr)	5時	**elf (Uhr)**	11時
sechs (Uhr)	6時	**zwölf (Uhr)**	12時

fünfzehn Uhr vierzig	15時40分		
Viertel nach drei / 3 Uhr 15	3時15分		
halb vier / 3 Uhr 30	3時30分		
Viertel vor vier / 3 Uhr 45	3時45分	drei Viertel vier	
fünf vor halb vier / 3 Uhr 25	3時25分		
fünf nach halb vier / 3 Uhr 35	3時35分		
zehn vor vier	3時50分	**zehn nach drei**	3時10分

14

● 時刻の表し方

um 時間　～時に

um drei (Uhr)　3時に

15

● その他の時刻の表し方

Punkt vier (Uhr)	ちょうど4時	kurz nach drei	3時ちょっと過ぎ
gegen vier (Uhr)	4時ごろ	kurz vor drei	3時ちょっと前
ab vier (Uhr)	4時から		

16

● 時間・時刻（Uhrzeit）の尋ね方、表し方

時刻を表すときには、非人称主語の es を用います。

Wie viel Uhr ist es?　何時ですか？

Wie spät ist es? — **Es ist eins.**　何時ですか？－1時です。

Wann kommen Sie zu mir? — **Heute um halb zwei.**
いつ私のところに来ますか？－今日の1時半に。

Wann fängt die Party an? — **Morgen um drei Uhr.**
パーティはいつ始まりますか？－明日の3時です。

Wann ist der Laden auf? — **Von neun bis fünf Uhr.**
お店はいつ開いていますか？－9時から5時です。

Ab wann kann ich die Bilder abholen? — Ab vier.
いつから写真を受け取れますか？－4時以降です。

Hast du am Montag um drei Uhr Zeit? — Nein, **da** muss ich arbeiten.
月曜日の3時に時間ある？－いや、その時間は仕事しないと。

Es ist noch früh.　まだ早い。

Es ist schon spät.　もう遅い。

17

10 時間の長さ

Wie lange?	どのくらい（の時間の長さ）？
die Sekunde, -/-n	秒
die Minute, -/-n	分
die Stunde, -/-n	時間
die Zeit, -/-en	時間 / 時代

eine Stunde / 60 Minuten	1 時間 /60 分
eineinhalb Stunden	1 時間半
anderthalb Stunden	1 時間半
neunzig Minuten	90 分
zwei Stunden / 120 Minuten	2 時間 /120 分
zwei Stunden und 10 Minuten	2 時間 10 分

einen Tag	1 日
eine Woche	1 週間
einen Monat	1 か月間
ein Jahr	1 年間

18

● 時間の長さの尋ね方、表し方

Wie lange dauert die Fahrt? — Etwa eine Stunde.
乗車時間はどのくらいですか？－約 1 時間です。

Seit wann lernst du Deutsch? — Seit acht Monaten.
いつからドイツ語を学んでいるの？－ 8 か月前から。

19

11 頻度

Wie oft?	どのくらい（の頻度）？	**manchmal**	時々
immer	いつも	ein paarmal	幾度か
fast immer	ほとんどいつも	selten	めったにない
meistens	たいてい	**fast nie**	ほとんどない
sehr oft	大変しばしば	kaum	ほとんどない
oft	しばしば	**nie**	決してない
viel	よく		

20

● その他の頻度の表し方

einmal / ein Mal am Tag	日に１回
einmal pro Woche / in der Woche	週１回
zweimal pro Monat / im Monat	月２回
dreimal pro Jahr / im Jahr	年３回
alle drei Tage	３日ごとに
an jedem vierten Tag	４日ごとに
jede zehn Minuten	10分おきに

jeden Sonntag	毎日曜日に	jede Woche / wöchentlich	毎週
jede Nacht	毎夜	jeden Monat / monatlich	毎月
jeden Tag / täglich	毎日	jedes Jahr / jährlich	毎年

21

12 可能性

sicher	確実だ	**überhaupt nicht**	全くない
bestimmt	確かだ	**gar nicht**	全くない
wahrscheinlich	おそらく	**nie**	決してない
vielleicht	ひょっとして	möglich	あり得る / 可能だ
selten	めったにない	unmöglich	あり得ない / 不可能だ

22

13 距離・面積

Wie lang?	どのくらい（の長さ / 距離）？
Wie weit?	どのくらい（の広さ / 距離）？
Wie groß?	どのくらい（の広さ / 大きさ）？
der/das Zentimeter (cm)	センチメートル
der/das Meter (m)	メートル
der/das Kilometer (km)	キロメートル
der/das Quadratmeter (m^2/qm)	平方メートル
die Fläche	面積
der Platz	場所 / 空間

23

14 重量・容積

Wie schwer?	どのくらいの重さ？
Wie viel?	どのくらいの量？
das Gramm (g)	グラム
das Pfund (Pfd.)	ポンド ( 500g)
das Deka (Dg / dag)	デカ (10g) 
das Kilo / Kilogramm (kg)	キログラム
die Tonne, -/-n	トン
das Gewicht	重さ
der/das Liter (ℓ)	リットル
der/das Kubikmeter (m^3)	立方メートル
der Inhalt	内容 / 容量
wiegen	～の重さである
gehen in	（～の人数を）収容する

24

● 重量・容積の尋ね方、表し方

Wie schwer ist das Paket?	この小包の重さはどのくらいですか？
Der Mann wiegt 70 Kilo.	その男性は 70 キロある。
1800 Menschen **gehen in** die Halle.	このホールは 1800 人収容する。
Wie viel Liter gehen da rein?	そこには何リットル入るのですか？

25

15 分量

Wie viel? どのくらい（の量）？

26

● 多量

alles	全部
voll	いっぱいの / 満杯の
viel	たくさん
zu viel	多すぎる
so viel (wie)	（～と同じくらい）多い / そんなにたくさん
etwas mehr	いくらか多め / ちょっと多く
sehr viel	とても多い
ein bisschen viel	少し多い
genug	十分な

27

● 少量・無量

etwas	少し
ein bisschen	少し
ein paar	2～3の / いくつかの
nicht viel	多くない
wenig	少ない / あまり～ない
kaum	ほとんどない
zu wenig	少なすぎる
so wenig	そんなにも少ない
etwas weniger	いくらか少なめ / ちょっと少ない
sehr wenig	とても少ない
leer	空の
nichts	何もない
kein 名詞	～がない

Wir haben keine Milch. 牛乳がないよ。

28 ● 分量の尋ね方、表し方

Wie viel Wein trinken Sie? — Nur ein bisschen.
ワインをどれくらい飲みますか？ーほんの少しです。

Wie viel Zeit hast du? — Sehr viel.
どれくらい時間ある？ーとてもたくさんあるよ。

29

16 人・物

Wie viele?	どのくらい（の人数 / 量）？
der Mensch, -en/-en	人間 / 人
die Person, -/en	人物 / 人
man（単数のみ）	（不特定の）人は、人々は
die Leute（複数のみ）	人々
das Ding, -(e)s/-e	物 / 事
die Sache, -/-n	物 / 事
der Gegenstand, -es/-stände	物 / 物体 / 対象

30 ● 人・物の多少

all-	みんなの / すべての
jed-	誰も / どれも
viel-（形容詞変化）	多くの人 / 物は
meist-（形容詞変化）	たいていの人 / 物は
genug	十分な
manch-	少なからずの人 / 物は
ein paar	2～3の

（all-, jed-, manch- は dieser 型変化、文法 S.218 参照）

31 ● 独立的用法

wenige	わずかな人	beide	2人（の）/ 双方（の）
einige	幾人か	beides	2つ（の）/ 両方（の）
mehrere	何人か	**jemand**	誰か（変化は文法 S.215 参照）
viele	多数の人	**einer / eine**	ある人（変化は文法 S.215 参照）

32

● 誰もいないとき

niemand 誰も～ない（変化は文法 S.215 参照）

keiner / keine 誰も～ない（変化は文法 S.215 参照）

33

● 何もないとき

nichts 何もない

34

● 人・物の様々な表し方

Wie viele Tomaten soll ich kaufen? トマトをいくつ買えばいい？

Jeder weiß davon. そのことは、誰もが知っている。

Waren viele da? そこには大勢来ていましたか？

Einer hat da geraucht. そこで喫煙している人がいた。

Die **meisten** Katzen waren schwarz. たいていの猫は黒だった。

Am Sonntag ist **niemand** in der Schule. 日曜日は学校に誰もいない。

Keiner hat mir geholfen. 誰も私を助けてはくれなかった。

Heute haben wir **nichts** vor. 今日は何も予定がない。

35

17 評価

● 最高レベル

super / **toll** / **spitze** / prima / fein / wunderbar / klasse 素晴らしい

sehr gut とても良い

besonders gut 特に良い

36

● 良いレベル

gut / schön 良い

nicht schlecht 悪くない / 良い

ganz gut まあまあ / なかなか良い

37

● 普通（あまり良くないレベル）

es geht	まあまあ
nicht so gut	あまり良くない
nicht besonders gut	特に良くはない

38

● 悪いレベル

schlimm / schrecklich / schlecht	ひどい / 悪い
oh Gott	なんてこと / なんてひどい
dumm / blöd	ばかな

39

● 最悪レベル

ganz schlimm	とてもひどい	**Unsinn**	ナンセンスだ
um Gottes willen	なんてこと	unglaublich	信じられない

40

18 国と地域・言語

der Kontinent, -(e)s/-e　大陸

Europa	ヨーロッパ	europäisch	ヨーロッパの
Asien	アジア	asiatisch	アジアの
Afrika	アフリカ	afrikanisch	アフリカの

das Land, -(e)s/Länder　国

Deutschland	ドイツ	**deutsch**	ドイツの
Österreich	オーストリア	**österreichisch**	オーストリアの
die Schweiz	スイス	**schweizerisch**	スイスの
Liechtenstein	リヒテンシュタイン	**liechtensteinisch**	リヒテンシュタインの
England	イギリス	englisch	イギリスの
Spanien	スペイン	spanisch	スペインの
Frankreich	フランス	französisch	フランスの
Italien	イタリア	italienisch	イタリアの
Russland	ロシア	russisch	ロシアの
Japan	日本	**japanisch**	日本の
China	中国	chinesisch	中国の
Korea	韓国 / 朝鮮	koreanisch	韓国の / 朝鮮の

die Türkei	トルコ	türkisch	トルコの
Australien	オーストラリア	australisch	オーストラリアの
Amerika	アメリカ	amerikanisch	アメリカの
die USA（複数のみ）	アメリカ合衆国		
international	インターナショナルな、国際的な		

（国や地域名のうち、冠詞がないものは中性名詞）

die Sprache, -/-n	言語、言葉	**auf 言語**	～の言語で
die Muttersprache, -/-n	母語	die Fremdsprache, -/-n	外国語

Deutsch	ドイツ語	Spanisch	スペイン語
Japanisch	日本語	Russisch	ロシア語
Englisch	英語	Chinesisch	中国語
Französisch	フランス語	Koreanisch	韓国語
Italienisch	イタリア語		

41

男性形	女性形	
der Asiat, -en/-en	die Asiatin, -/-nen	アジア人
der Europäer, -s/-	die Europäerin, -/-nen	ヨーロッパ人
der Amerikaner, -s/-	die Amerikanerin, -/-nen	アメリカ人
der Afrikaner, -s/-	die Afrikanerin, -/-nen	アフリカ人
der Japaner, -s/-	**die Japanerin**, -/-nen	日本人
der Deutsche, -n/-n	**die Deutsche**, -n/-n	ドイツ人（形容詞変化）
der Österreicher, -/-	**die Österreicherin**, -/-nen	オーストリア人
der Schweizer, -s/-	**die Schweizerin**, -/-nen	スイス人
der Liechtensteiner, -s/-	**die Liechtensteinerin**, -/-nen	リヒテンシュタイン人
der Chinese, -/-n	die Chinesin, -/-nen	中国人
der Koreaner, -s/-	die Koreanerin, -/-nen	韓国人
der Italiener, -s/-	die Italienerin, -/-nen	イタリア人
der Engländer, -s/-	die Engländerin, -/-nen	イギリス人
der Franzose, -n/-n	die Französin, -/-nen	フランス人
der Türke, -n/-n	die Türkin, -/-nen	トルコ人
der Russe, -n/-n	die Russin, -/-nen	ロシア人
der Spanier, -s/-	die Spanierin, -/-nen	スペイン人

42

19 方角

Osten, -s/	東 / 東部 / 東方	Nordosten, -s/	北東 / 北東部
Westen, -s/	西 / 西部 / 西方	Südosten, -s/	南東 / 南東部
Süden, -s/	南 / 南部 / 南方	Nordwesten, -s/	北西 / 北西部
Norden, -s/	北 / 北部 / 北方	Südwesten, -s/	南西 / 南西部

方角を表す名詞は男性名詞で、複数形はない

43

● 前置詞を伴う表現

östlich von ...	…の東に	nach Osten	東に / 東方へ
westlich von ...	…の西に	von Westen	西から
südlich von ...	…の南に	im Norden	北に / 北方へ
nördlich von ...	…の北に	in Südjapan	南日本で

Salzburg liegt im Norden von Österreich. ザルツブルクはオーストリアの北部にある。
Deutschland liegt nördlich von Österreich. ドイツはオーストリアの北方にある。

44

20 色

die Farbe, -/-n	色		
weiß	白い	silbern	銀色の
gelb	黄色の	lila（無変化）	紫の
blau	青い	rosa（無変化）	ピンクの
rot	赤い	blond	ブロンドの
schwarz	黒い	**bunt**	色とりどりの
grau	グレーの		
braun	茶色の	**hell**	明るい / 明るい色の
grün	緑色の	hellblau	水色の
orange	オレンジの	**dunkel**	暗い / 濃い色の
golden	金色の	dunkelblau	紺色の

21 知ってておきたい表現

45

● 感謝、謝罪に関する表現

Danke!	ありがとう！
Vielen Dank!	本当にありがとう！/ありがとうございます！
Bitte!	どうぞ！/どういたしまして！
Bitte schön!	どうぞ！/どういたしまして！（Bitte! より丁寧）
Das ist sehr nett von Ihnen.	ご親切にありがとうございます。
Nein, danke.	いいえ、結構です。
Nein, bitte nicht!	いいえ、そうしないでください！
Entschuldigung!	すみません！/失礼します！
Entschuldigen Sie, bitte!	すみません！/失礼します！
Es tut mir leid. / Tut mir leid.	ごめんなさい。/お気の毒に。
Das macht nichts.	構いません。/大丈夫です。
Das ist (mir) egal.	（私にとっては）どちらでも同じことです。
Das ist gleich.	それは同じことです。
Das ist leider so.	残念ながらそういうことです。

46

● 相手のことを思って掛ける言葉、お祝い

Viel Spaß!	楽しんで！
Viel Glück!	グッドラック！
Ihnen / Dir auch!	あなた/君もね！
Guten Appetit!	召し上がれ！/いただきます！
Alles Gute!	さようなら！/うまくいきますように！
Ein gutes neues Jahr!	新年おめでとう！
Frohe Ostern!	イースターおめでとう！
Frohe Weihnachten!	クリスマスおめでとう！
Herzlichen Glückwunsch (zum Geburtstag)!	（お誕生日）おめでとう！
Prost!	乾杯！
Zum Wohl!	乾杯！
Achtung!	注意してください！
Gute Besserung!	お大事に！

47 **● 理解、知識に関する表現**

Ich weiß es nicht.	私は知りません。
Ich verstehe das nicht.	何のことだか理解できません。
Ich kann das verstehen.	わかります。
Ich habe keine Idee.	何もアイディアが浮かびません。/ まったくわかりません。
Ich habe eine gute Idee.	よい考えがあります。
Das ist eine gute Idee.	それはよい考えですね。
Wie bitte?	何とおっしゃいましたか？
Was haben Sie gesagt?	何とおっしゃいましたか？
Ich habe eine Frage.	質問があるのですが。
Bitte langsam!	ゆっくりお願いします。
Was heißt das?	それはどういう意味ですか？

48 **● 自分の意見、感情に関する表現**

Ich bin nicht zufrieden.	私は満足していません。/ 不満です。
Das macht Spaß!	それは面白い。/ 楽しい。
Ich fühle mich wohl.	私はよい気分です。/ 心地よいです。
Ich freue mich.	うれしいです。
Das geht.	それでよいです。/ 構いません。

22 知っておくと便利な相槌

話者の声色や強弱によりニュアンスが変わりますので、訳はひとつの目安にしてください。会話例に頻繁に出てきますので、音声を参考にしてください。

49

Ach!	ああ！
Ach ja!	ああ、そうだった！
Ach ja?	ああ、そうですか？
Ach ja.	ああ、そうですね。 （相槌を打って、その後、相手の言ったことを繰り返すことがよくあります。相手に言われて、「ああ、そうだったね」と思い出したときに使います。少しゆっくりめに発音します。）
Ach nein!	それは違います！/ それはひどい！

Ach so!	あっそう！（ドイツ語と日本語でほぼ同音同意）
Ach so?	そうですか？
Aha!	なるほど！/へえー！
Stimmt!	その通り！/確かに！
Genau!	その通り！/確かに！
Eigentlich ja.	まあ、そうなんですが…。
Na ja.	まあね。/まあそうですね。
Tja.	そうですね。
Hmm ...	うーん。
Oje!	やれやれ（呆れて）！/えっ（驚いて）！
Wirklich?	本当に？
Ist das wahr?	それって本当ですか？
Gern!	喜んで！
Ja, bitte!	ええ、どうぞ！/はい、お願いします！
Klar!	もちろん！/わかっていますよ！
Einverstanden!	了解！
Alles klar!	了解！/問題ありません！/大丈夫です！
Kein Problem!	問題ありません！/大丈夫です！
Ja, das mache ich.	わかりました。それは私がやります。
Natürlich!	もちろん！
Selbstverständlich!	もちろん！
Sicher!	もちろん！/確かに！
Schon!	それはそうだよ！/まあね！
Schön!	いいね！/素敵！
Gut!	わかった！/了解！
Okay!	了解！/オッケー！
Schade!	残念！
Das ist schade!	それは残念です！
Das ist gut!	それは良いですね！
Gott sei Dank!	ありがたいことに！/よかった！
Moment mal!	ちょっと待って！
Einen Moment (bitte)!	ちょっと待って（ください）！

50

23 知っておくと便利な心態詞

文中によく使われ、さまざまなニュアンスを表します。アクセントは基本的に無く、シチュエーションにより意味が幅広いので、テーマ別会話例および音声を参考にしてください。基本的な意味だけ挙げておきます。

doch	～でしたっけ？ / いくらなんでも / 頼むから
aber	本当に / ～ですとも / なんと
ja	本当に / まったく
eben	仕方ないから / じゃあ
schon	もう / まあ / きっと
eigentlich	いったい / そもそも
denn	いったい

51

24 知っておくと便利な間投詞・副詞

Au! / Aua!	痛い！
Oh!	おお！
Ah!	ああ！
also	さて / じゃあ / だから
leider	残念ながら
so	そのように
sehr	とても
besonders	特に
schon	すでに / もう
weg sein	離れて / 去って
fast	ほとんど
hoffentlich	～だとよいのだが
zum Glück	幸運にも
weiter	更に / 続いて
anders	異なって / 違った
selbst	自分で
zusammen	一緒に
auch	～も / ～もまた
nur	ただ / 単に
ganz	まったく
circa (ca.) / zirka	およそ / 約
etwa	およそ / 約
ungefähr	およそ / 約
deshalb	それゆえ / だから
deswegen	それゆえ / だから
am Anfang	はじめに
in der Mitte	中心に / 半ばに
am Ende	最後に
zum Schluss	最後に

52

● 時を表す副詞

da	その時	**endlich**	とうとう / やっと / そろそろいい加減に
bald	もうすぐ / 間もなく		
gleich	すぐに / ただちに	langsam	そろそろ
sofort	すぐに / ただちに		
pünktlich	時間通りに	**zuerst**	最初に / はじめに
plötzlich	突然	**dann**	それから / 次に
jetzt	今	**danach**	それから / その後で
gerade	ちょうど / たった今	nachher	後で
noch	まだ	**später**	後で
noch nicht	まだ〜ない		
vorher	その前に		
früher	かつて		
erst	まだ / やっと		

53

● 場所を表す副詞

hier	ここ	**hinten**	後ろに
da	そこ / その場所	**vorn(e)**	前に
dort	あそこ	**links**	左に
oben	上に	**rechts**	右に
unten	下に		

da や hier と組み合わせて使うこともできます。

hier links	ここの左に	da hinten	あそこの後ろに

daneben	その横に	**gegenüber (von)**	（〜の）向かいに
davor	その前に	**gleich daneben**	すぐその横に
dahinter	その後ろに	**draußen**	外に
darüber	その上方に	**drinnen**	内に / 中に
darunter	その下方に	**überall**	いたる所に
dazwischen	その間に		

Dort sehen Sie den Kiosk. Die Buchhandlung ist daneben.

あちらにキオスクが見えますね。書店はその隣です。

25 知っておきたい形容詞

wichtig	重要な
normal	普通の
ander-	他の / 別の
groß	大きい /（部屋が）広い /（背が）高い
klein	小さい /（部屋が）狭い /（背が）低い
schwer	重い /（問題が）難しい
leicht	軽い /（問題が）やさしい
schwierig	難しい
einfach	簡単な
schlimm	悪い / ひどい
neu	新しい
alt	古い / 年をとった
lang	長い /（時間が）長い
kurz	短い /（時間が）短い
hoch	（建物が）高い /（値段が）高い
niedrig	（建物が）低い /（値段が）低い
schön	美しい /（アイディアなどが）良い / 素敵な
gut	（体調・天気・性格などが）良い / 美味しい
schlecht	悪い /（体調・天気・性格などが）悪い
warm	暖かい / 温かい / 人情味ある
kalt	寒い /（人間的に）冷たい
schnell	速い
langsam	ゆっくり / 遅い
früh	早い
spät	遅い
frei	自由な /（席が）空いている
hart	固い /（仕事が）きつい
weich	やわらかい
stark	強い
schwach	弱い
fertig	終わった / すっかり疲れた
letzt-	最後の
nächst-	次の

55

26 知覚動詞および関連語

sehen	見る		
schauen	見る		
gucken	見る（口語）		
an|sehen	（じっと）見る		
an|schauen	（じっと）見る		
auf|passen	注意する		
hören	聞く		
zu|hören	（じっと）聞く		
verstehen	聞き取る / 理解する		
berühren	触る		
fühlen	感じる	das Gefühl, -s/-e	感情 / 感覚 / 感触
lieben	大好きである / 愛している	**die Liebe,** -/-n	愛情 / 好意
schmecken	味がする		
versuchen	食べてみる		
probieren	食べてみる / 試してみる		
riechen	においをかぐ / においがする		

56

27 身体の基本動作

stehen （ で *(s)* ）	立つ / 立っている
stellen	立てる / 置く
auf|stehen *(s)*	立ち上がる / 起き上がる
sitzen （ で *(s)* ）	座っている
sich[4] setzen	座る
setzen	座らせる
Platz nehmen	座る
schlafen	眠る / 眠っている
liegen （ で *(s)* ）	横になっている
sich[4] legen	横になる
legen	横にする / 置く

sich^4 bewegen	動く
bewegen	動かす
gehen *(s)*	歩く / 行く
laufen *(s)*	走る / 歩く
springen *(s, h)*	ジャンプする

57

28 思考・希望・伝達

sagen	言う		
danken	感謝する		
sich^4 entschuldigen	謝罪する		
glauben	～と思う / 信じる		
denken	～と考える		
meinen	～と思う		
finden	～と思う		
hoffen	～を願う / 希望する		
wünschen	願う	**der Wunsch**, -es/Wünsche	願望
vor|haben	予定する		
vor|schlagen	提案する		
sprechen	話す	das Gespräch, -(e)s/-e	会話 / 対話
		der Dialog, -(e)s/-e	対話
erzählen	語る		
reden	語る / 話す		
fragen	質問する		
antworten	答える		
schreiben	書く		
erklären	説明する		
rufen	呼ぶ		

zum Beispiel (z.B.)	たとえば
und so weiter (usw.)	など / エトセトラ

58

29 生活の基本動作

- **machen** する / 作る
- **tun** する
- **geben** 渡す
- **nehmen** 取る / 受け取る
- **benutzen** 使用する
- bitten 求める / お願いする
- **bringen** 持ってくる
- **holen** 取ってくる
- **schneiden** 切る
- kleben 貼る
- ein|schenken （飲み物などを）注ぐ
- füllen 満たす
- schütteln 振る
- **öffnen** 開ける
- **schließen** 閉じる
- schieben 押して動かす / ずらす
- ziehen 引く
- **halten** 持っている
- **tragen** 運ぶ
- **hängen** 掛ける
- auf|heben 持ち上げる
- werfen 投げる
- **drücken** 押す
- **stecken** 差し込む
- drehen 回す
- **an|machen** スイッチを入れる
- ein|schalten スイッチを入れる
- **aus|machen** スイッチを切る
- aus|schalten スイッチを切る
- **auf|machen** 開ける
- **zu|machen** 閉める

59

● 基本的な動きを表す動詞の意味を広げる前つづり

- fest- （強く / しっかり） fest|halten しっかり持つ
- an- （つける / 始める） **an|machen** スイッチを入れる
  - **an|fangen** 始める / 始まる
- ein- （中） **ein|ziehen** *(s)* 入居する
- weg- （消える） weg|werfen 捨てる
- los- （離れて） los|gehen *(s)* 出発する
- ab- （離れて） **ab|fahren** *(s)* 出発する
- aus- （外へ / 空ける） **aus|steigen** *(s)* （乗り物から）降りる
  - **aus|packen** （包みなどを）開けて出す
- auf- （上へ / 開ける） **auf|stehen** *(s)* 起きる / 立ち上がる
  - **auf|machen** 開ける
- zu- （閉じる） **zu|machen** 閉じる
- hin- （そちらへ） hin|setzen そこへ座る

her-	（こちらへ）	her|geben	こちらへ渡す
mit-	（一緒に）	**mit|kommen** *(s)*	一緒に行く
zurück-	（戻って）	zurück|kommen *(s)*	帰ってくる
wieder-	（再び）	wieder|sehen	再会する

Ⅱ

テーマ別語彙と会話例

Thematischer Wortschatz und Dialoge

コミュニケーション

60

1 挨拶

Guten Morgen!	おはようございます！
Guten Tag!	こんにちは！
Guten Abend!	こんばんは！
Grüß Gott!	おはよう！/こんにちは！/こんばんは！/さようなら！
Grüß dich!	やあ！/こんにちは！/さようなら！(du に対して)
Grüezi!	おはよう！/こんにちは！/さようなら！
Hallo!	やあ！
Servus!	やあ！/バイバイ！
Moin!	やあ！
Wie geht es dir / Ihnen?	元気？/元気ですか？
(Herzlich) Willkommen!	ようこそ！
Auf Wiedersehen!	さようなら！
Auf Wiederschauen!	さようなら！
Uf Wiederluege!	さようなら！
Auf Wiederhören!	さようなら！(電話で)
Tschüs!	バイバイ！/じゃあね！

Bis bald! またすぐあとで！

Bis morgen! また明日！

Bis dann! ではまた！

Bis später! また後ほど！

Gute Nacht! おやすみなさい！

Schlaf gut! おやすみなさい！/良い眠りを！（du に対して）

begrüßen 挨拶する

küssen キスする

61

● 友人との会話

A: Morgen! Wie geht es dir?

B: Danke, sehr gut. Und dir?

A: Es geht. Gestern habe ich bis Mitternacht ferngesehen und ich bin noch müde.

A：おはよう。調子どう？

B：ありがとう。すごくいいよ。で、君は？

A：まあまあかな。昨日は夜中までテレビを見ちゃって、まだ眠いんだ。

62

● 先生との会話

A: Guten Tag, Herr Schmidt!

B: Guten Tag, Frau Kobayashi. Wie geht es Ihnen?

A: Danke, sehr gut. Und Ihnen?

B: Danke, auch gut.

A：こんにちは、シュミット先生。

B：こんにちは、小林さん。調子はいかがですか？

A：ありがとうございます。とてもいいです。先生はいかがですか？

B：ありがとう、私もいいですよ。

◉ 挨拶

挨拶がわりに Wie geht es Ihnen?（敬称）、Wie geht es dir?（親称）または Wie geht's? ということがあります。日本語でも「お元気ですか？」と聞くのは久しぶりに会ったときなどですね。それはドイツ語でも同じです。毎日会っているのに「元気？」とはあまり聞きません。毎日会っているのであれば、Tag! Hallo!（親称）などのほうが自然です。

63

● **友人との会話**

A : Hallo, gehst du schon nach Hause?

B : Ja, ich war heute den ganzen Tag unterwegs.

A : Dann bis morgen! Schlaf gut!

B : Danke, dir auch!

A：やあ、もう帰るの？

B：うん、今日は一日中出歩いていたからね。

A：そうか、じゃあまた明日。よく休めよな。

B：ありがとう。あなたもね。

> unterwegs sein
> 外出している

64

2 場面に応じた挨拶

Herzlichen Glückwunsch!	おめでとう！
Herzlichen Glückwunsch zum Geburtstag!	お誕生日おめでとう！
Guten Appetit!	召し上がれ！/いただきます！
Mahlzeit!	召し上がれ！/いただきます！/ やあ！（昼時の挨拶として）
Gute Besserung!	お大事に！
Gesundheit!	お大事に！（くしゃみをした人に掛ける言葉）
Viel Spaß!	楽しんで！
Gute Reise!	よい旅行を！
Einen schönen Abend noch!	素敵な夜を！
Ein schönes Wochenende!	よい週末を！
Viele Grüße an j^4.	人^{4}によろしくお伝えください。
Freut mich!	はじめまして！
Sehr angenehm!	はじめまして！（ややかしこまった言い方）

65

● 友人との会話

A: Herzlichen Glückwunsch zum Geburtstag!

B: Danke!

A: Wie alt bist du denn geworden?

B: 20.

A：お誕生日おめでとう！

B：ありがとう。

A：いくつになったの？

B：20歳だよ。

66

● 友人との会話

A: Na, was ist denn los?

B: Ach, meine Mutter ist seit gestern krank.
Ich muss schnell nach Hause gehen.

A: Oh, nein! Ich wünsche ihr gute Besserung!

A: Ja, danke.

A：ねえ、どうしたの？

B：ああ、私の母が昨日から病気なのよ。急いで帰らなきゃ。

A：それは大変だ！お大事に！

B：ありがとう。

Na!　やあ！/ねえ！（親しげに呼びかけるとき）

67

● 知人との会話

A: Am Wochenende fahren Sie nach Spanien, nicht wahr?

B: Ja. Wir haben deshalb jetzt viel zu tun.

A: Klar. Dann gute Reise! Viel Spaß!

B: Danke sehr! Ich wünsche Ihnen auch ein schönes Wochenende.

A：週末にスペインに行かれるのでしたよね？

B：ええ。ですから今バタバタしていて。

A：そうでしょうね。では、よいご旅行を！楽しんできてください！

B：ありがとうございます！そちらもよい週末をお過ごしください。

..., nicht wahr?	そう思っていますが、合っていますか（付加疑問文的用法）
viel zu tun haben	することがたくさんある/忙しい

68

3 パーティ・お祝い

die Party, -/-s パーティ
eine Party geben / machen パーティを開く
die Geburtstagsparty 誕生日パーティ
die Hochzeit, -/-en 結婚式
der Geburtstag, -s/-e 誕生日
das Weihnachten, -/- クリスマス
zu / an Weihnachten クリスマスに
die Weihnachtsferien（複数のみ） クリスマス休暇
das Neujahr, -s/（単数のみ） 正月
zu Neujahr 正月に
das Ostern, -/- イースター / 復活祭
zu / an Ostern イースターに / 復活祭に
die Osterferien（複数のみ） イースター休暇

das Fest, -(e)s/-e お祝い / お祭り
die Feier, -/-n お祝い / パーティ / 祝典
die Geburtstagsfeier 誕生日のお祝い
die Bar, -/-s バー
die Disko, -/-s ディスコ / クラブ
der Tanz, -es/-e ダンス
das Lokal, -/-e 飲食店 / 飲み屋
die Stimmung, -/-en 雰囲気
in guter / schlechter Stimmung 良い / 悪い雰囲気で

feiern パーティをする / 祝う
festen パーティをする / 祝う (AT) (CH)
tanzen 踊る

69

● 学生の会話

A : Wie war die Geburtstagsfeier deiner Freundin?
B : Die Stimmung war schön und wir haben sehr gut gefeiert. Wir sind danach sogar noch in die Disko gegangen.
A : Schade, dass ich nicht dabei war.

sogar そのうえ
dabei sein その場に居合わせる

A：あなたのガールフレンドの誕生日パーティ、どうだった？
B：雰囲気が良くて、とても楽しく祝ったよ。
その後でクラブにも行ったしね。
A：行けなくて残念だったわ。

70

● 日本人学生とドイツ人学生の会話

A: Wie feiert ihr Weihnachten in Deutschland?

B: Wir feiern zu Hause mit der Familie.

A: Das ist ja wie Neujahr in Japan. Zu Weihnachten feiere ich dieses Jahr mit meinen Freunden in einer Bar.

B: Ach wirklich?

A：ドイツではクリスマスはどんな風に祝うの？

B：家で家族と祝うの。

A：それは日本の正月みたいだね。今年のクリスマスに僕は、バーで友達とパーティをするよ。

B：えっ、本当？

◉ イースターの過ごし方

ドイツ語圏の人々にとって大切な祝日であるイースターは、キリストの復活祭で、春分後の最初の満月の次の日曜日に行われることになっています。この期間はクリスマス同様、多くの店が閉まります。地方により祝い方は様々で、家族で集まり朝食を楽しみ、その後、色づけされたイースターエッグを子供たちが庭や家の中から探し出す地方、みなで礼拝に出かけイースターのハムやソーセージを聖別してもらい、それを持ち帰って食べる地方や夕方に Osterfeuer という焚き火をする地方もあります。最近では卵型やそれを運んでくるとされるウサギ型のチョコレートを贈ったりします。外にある庭の枝にイースターエッグを飾り付ける家もあります。近年ではクリスマスのようなプレゼントをする地域もあります。

◉ グリューワイン

寒い時期、クリスマス市を始めとするイベントでは、グリューワイン（Glühwein）が飲めます。大きな鍋で赤ワインに砂糖やレモン、ハーブなど色々なスパイスを加えて熱したもので、寒い冬でもグリューワインを手にしていると心も体も温まります。屋台で簡単に買えます。

71

4 招待・約束

die Einladung, -/-en　招待
der Termin, -s/-e　約束した日 / アポイントメント / 期日
einen Termin ausmachen　（会う）日取りを決める
der Gast, -(e)s/Gäste　客
das Geschenk, -(e)s/-e　プレゼント
ein Geschenk machen　プレゼントをする
ein Geschenk bringen　プレゼントを持って行く / 来る

besuchen　訪ねる
vorbei|kommen (*s*)　立ち寄る
bei j^3 / 場所^3 vorbeikommen　人^3/ 場所^3 に立ち寄る
organisieren　企画準備する
treffen　会う
j^4 treffen　人^4 に会う
sehen　会う
j^4 sehen　人^4 に会う
sich^4 sehen / treffen 時・場所　～時に～で会う
freuen　喜ばせる
sich^4 auf et^4 freuen　物^4・事^4 を楽しみに待つ
vor|haben　予定している / 予定がある
warten　待つ
auf et^4/j^4 warten　物^4・事^4/ 人^4 を待つ
ein|laden　招待する
j^4 zu et^3/j^3 einladen　人^4 を事^3/ 人^3 に招待する
mit|kommen (*s*)　一緒に行く
mit|nehmen　持って行く / 連れて行く
eine Freundin mitnehmen　女友達を連れて行く
mit|bringen　持って来る / 連れて来る
einen Wein mitbringen　ワインを持って行く
schenken　プレゼントする

72

● 友人との会話

A : Wir möchten euch mal zum Essen einladen. Wann habt ihr Zeit?

B : Das ist nett von euch. Am Wochenende haben wir noch nichts vor.

A : Wie wäre es, wenn ihr uns am Samstag besucht?

B : Ja, gerne. Danke für die Einladung.

> Wie wäre es, wenn ...?
> …をするのはいかがですか？

A：一度君たちを食事に招待したいんだ。
いつ時間が取れるかな？

B：それは親切にありがとう。週末だったら何の予定もないわ。

A：今度の土曜日に家へ来てもらうってのはどうかな？

B：はい、喜んで。招待ありがとう。

73

● 友人との会話

A: Am Samstag machen wir eine Party.
Hast du Lust mitzukommen?

B: Ja, wo ist denn die Party?

A: Bei Petra zu Hause. Sie beginnt um sechs.

B : Schön. Soll ich etwas mitbringen?

A : Hmm, ja, vielleicht kannst du einen Salat mitbringen?

B : Ja, gerne.

A : Dann treffen wir uns am Samstag bei Petra. Ich freue mich schon.

B : Ich auch. Tschüs!

> Lust haben　zu 不定詞句
> 〜する気がある
> bei j^3 zu Hause　人^{3}の家で

A：土曜日にパーティをするんだけど。一緒に来ない？

B：うん。どこでやるの？

A：ペトラの家だよ。パーティは6時から始まるんだ。

B：いいね。何か持って行こうか？

A：うーん、そうだね、サラダ持ってきてもらえるかな？

B：わかった、いいよ。

A：じゃあ土曜日にペトラのところで会おう。今から楽しみだ。

B：私も。じゃあね！

74

5 コンピューター

der Computer, -s/- コンピューター
die Maus, -/Mäuse マウス
die Tastatur, -/-en キーボード
das Internet, -s/-s インターネット
die Internetverbindung, -/-en インターネット接続
der Anschluss, -es/-schlüsse 接続
die (Internet)seite, -/-n ウェブページ
die Webseite, -/-n ウェブサイト
der Drucker, -s/- プリンター
die CD-Rom, -/-(s) CD-Rom
der USB-Stick, -s/-s USB メモリー
das Programm, -s/-e プログラム

das Computerprogramm, -s/-e コンピュータープログラム
die Datei, -/-en データ / データファイル
das Dokument, -(e)s/-e 文書
die Schrift, -/-en 文字
starten （コンピューターを）起動させる
markieren 選択範囲をマークする
kopieren コピーする
aus|drucken プリントアウトする
speichern 保存する
schicken 送る

75

● 同僚との会話

A: Kannst du mir die Datei kopieren?
B: Gut, gib mir deine E-Mail-Adresse. Ich schicke sie dir später per E-Mail.
A: Danke.

A：このデータ、コピーしてくれる？
B：いいよ。メールアドレス教えて。後でメールで送るよ。
A：ありがとう。

76

● 同僚との会話

A: Du, mein Drucker ist kaputt.
B: Oje! Brauchst du dringend etwas?
A: Ja, ich muss schnell ein Dokument ausdrucken. Kannst du mir helfen?
B: Ja, bring die Datei auf dem USB-Stick.

A：ねえ、プリンター壊れたよ。
B：ええ！何か急ぎで必要なの？
A：うん。文書をひとつ急いでプリントアウトしなきゃいけないんだ。手伝ってもらえる？
B：いいよ。そのデータ、USB メモリーに入れて持ってきて。

77

● 友人との会話

A : Hat dein Computer eine Internetverbindung?

B : Ja, natürlich.

A : Darf ich mal eine Webseite checken?

B : Bitte.

A：君のコンピューター、インターネットに接続している？

B：もちろん。

A：ちょっとサイト見せてもらってもいい？

B：どうぞ。

78

6 電話・ファックス・手紙・メール

das Telefon, -s/-e 電話

das Handy, -s/-s 携帯電話

die Telefonnummer, -/-n 電話番号

die Telefonnummer geben 電話番号を教える

die Handynummer, -/-n 携帯電話の番号

das Telefonbuch, -(e)s/-bücher 電話帳

der Anrufbeantworter, -s/- 留守番電話

eine Nachricht auf dem Anrufbeantworter (ab)hören 留守番電話のメッセージを聞く

der Brief, -(e)s/-e 手紙

die Karte, -/-n 葉書

die Ansichtskarte 絵葉書

der Kontakt, -(e)s/-e コンタクト / 連絡

mit j^3 Kontakt haben 人^{3}とコンタクトがある

das Fax, -/-(e) ファックス

die Faxnummer, -/-n ファックス番号

die Postkarte, -/-n 郵便葉書

die Post, -/-en 郵便

die E-Mail, -/-s 電子メール

das E-Mail, -s/-s 電子メール

per E-Mail / Mail 電子メールで

die E-Mail-Adresse, -/-n メールアドレス

@ (das @ [at]-Zeichen) アットマーク

die Antwort, -/-en 返事

schreiben 書く

schicken 送る

antworten 返事をする / 返信する

an|rufen 電話をかける

j^4 anrufen 人^{4}に電話をかける

telefonieren 電話で話す

mit j^3 telefonieren 人^{3}と電話で話す

79 ● 友人との会話

A: Kannst du mir bitte deine Telefonnummer geben?

B: Ja, ich gebe dir meine Handynummer. Hier ist sie.

A: Danke, ich rufe dich jetzt an. Dann bekommst du gleich meine Nummer.

B: Gut.

A：電話番号教えてもらえる？

B：いいよ。携帯の番号を教えるよ。はい、これ。

A：ありがとう、今電話をかけるよ。そうすればあなたに私の番号が入るからね。

B：了解。

80 ● 友人との会話

A: Wie komme ich zu dir?

B: Ich schicke dir später per Fax einen Plan.

A: Oh, ich habe kein Fax zu Hause. Kannst du ihn per Mail schicken?

B: Kein Problem.

A：あなたの家にはどうやって行ったらいいの？

B：あとで地図をファックスするよ。

A：ああ、うちにはファックスがないんだ。メールでもらえる？

B：わかった。

81 手紙・E-Mail の書き方

ここでは比較的親しい間柄のプライベートな手紙の書き方を紹介します。

手紙の場合は、右上に発信地（省略可）、日付を入れます。

発信地・日付：

Berlin, den 20. 5. 2013

呼びかけ：冒頭の呼びかけは女性か男性、Sie か du によりその書き方が変わります。

Liebe Christine,（du、女性）

Lieber Leon,（du、男性）

Liebe Frau Meyer,（Sie、女性）

Lieber Herr Schmidt,（Sie、男性）

Liebe Familie Hopf,（Hopf 家）

Liebe Anne und lieber Martin,（ihr、女性と男性）

Hallo!（du）

導入部：呼びかけがコンマで終わっている時は小文字で始めます。

wie geht es dir / Ihnen / euch?　元気ですか？
vielen Dank für deinen Brief / deine (E-)Mail.　手紙 / メールをありがとう。

結びのことば

Bitte schreiben Sie mir bald! / Schreib mir bald!　お返事、お待ちしています。
Ich freue mich auf das Treffen / das Wiedersehen.
会うのを / 再会を楽しみにしています。

結びのあいさつ：敬具、草々、かしこに相当します。

Viele liebe Grüße（ごく親しい相手に）　Viele Grüße / Liebe Grüße（親しい相手に）
Mit herzlichen Grüßen（親しい相手にも Sie を使う相手にも）

文体は親しい間柄では du、そうでない場合は Sie を使います。一通の手紙の中で Sie と du を混同してはいけません。相手が単数か複数かにも気をつけましょう。

82
● 学生のメール

Hallo Maria!	マリア
Hast du heute Mittag Zeit?	今日のお昼時間ある？
Dann bin ich um halb eins in der Mensa.	12 時半に学食にいるね。
Hoffentlich sehe ich dich da.	会えるといいな。
LG*	じゃあね。
Anna　*Liebe Grüße の略	アンナ

83
● E-Mail（犬を飼い始めた友達への返信メール）

Liebe Christine,	クリスティーネへ
vielen Dank für deine Mail.	メールどうもありがとう。
Es ist doch toll, dass du jetzt einen Hund hast.	犬を飼いはじめたなんていいわね。
Wie heißt der? Kann ich vielleicht am	何ていう名前？今度の金曜日
kommenden Freitag bei dir vorbeikommen?	あたりに寄ってもいい？
Hast du da Zeit? Ich liebe Hunde.	時間あるかしら？私、犬が
	大好きなの。
Bitte schreib mir bald!	お返事ちょうだいね。
Liebe Grüße	またね。
Petra	ペトラ

84

● 手紙

Tokio, den 20.5.2013

Lieber Thomas und liebe Katharina,

wie geht es euch? Seit zwei Monaten habe ich nichts von euch gehört.
Wie war euer Urlaub? Ihr wart doch in Italien, nicht?
Ich hatte leider viel zu tun. Mein Kollege ist jetzt krank und deshalb musste ich viel für ihn arbeiten. Aber morgen habe ich endlich einen Tag frei. Ich will mit meiner Freundin einkaufen gehen.

Bitte erzählt mir mal, wie euer Urlaub war!
Ich freue mich schon auf eure baldige Antwort.

Viele liebe Grüße
Klaus

東京、2013 年 5 月 20 日

トーマスとカタリーナへ
元気ですか？ 2 ケ月も何も音沙汰ないけど。
休暇はどうだった？イタリアに行くと、言っていたよね。
僕のほうは、残念ながらとても忙しかったよ。同僚がひとり病気になってしまって、彼の分も仕事がまわってきてしまってね。明日、ようやく 1 日休みがもらえるんだ。彼女と買い物に行く予定だ。
君たちの休暇の様子を知らせてくれよ。
返事待っているよ。
じゃあまた。
クラウス

人物紹介

85

1 名前

der Name, -ns/-n	名前
Mein Name ist ...	私の名前は～です
der Vorname	名
der Nachname	姓
der Familienname	姓
Herr ...	…さん（英語の Mr.）
Frau ...	…さん（英語の Mrs. / Ms.）
heißen	～という名前だ / ～と呼ばれている
vor|stellen	紹介する
sich⁴ vor|stellen	自己紹介する
kennen	知っている
kennen|lernen	知り合いになる
buchstabieren	つづりを言う

86

● 初対面で

A : Guten Tag, darf ich mich vorstellen? Ich heiße Franz Sommer.

B : Guten Tag, freut mich. Mein Name ist Keiko Suzuki.

A : Sehr angenehm. Entschuldigung, ist Keiko Ihr Familienname?

B : Nein, das ist mein Vorname.

A：こんにちは、自己紹介してもいいですか？私はフランツ・ゾンマーです。

B：こんにちは、はじめまして。私は鈴木敬子です。

A：はじめまして。敬子というのは名字ですか？

B：いいえ、ファーストネームです。

87

● 初対面で

A : Wie heißen Sie?

B : Mein Name ist Schmitt, Herbert Schmitt.

A : Können Sie bitte Ihren Nachnamen buchstabieren?

B : Ja, S-C-H-M-I-T-T, also Schmitt mit Doppel-t.

A : Aha, Herr Schmitt, schön, Sie kennenzulernen.

B : Freut mich!

A：お名前は？

B：私の名前はシュミット、ヘルベルト・シュミットです。

A：名字のつづりを教えていただけますか？

B：はい、S-C-H-M-I-T-T、t が二つのシュミットです。

A：ああ、なるほど、シュミットさん、お知り合いになれて嬉しいです。

B：はじめまして。

88

● つづり方と句読点

名前や単語をつづる際、発音の近い文字を間違えないために、アルファベットを頭文字にした単語を言うことがよくあります。日本語で言えば、『「田」は田んぼの田です』などと同じです。A wie ... という言い方をします。つづりを正確に伝えるためのものなので、わかりやすい単語であれば、wie のあとに入る単語は何でも構いません。ドイツ語圏でよく使われる、典型的な言い方を紹介します。この言い方なら確実に伝わるでしょう。

A wie Anton
B wie Berta
C wie Cäsar
D wie Dora
E wie Emil
F wie Friedrich
G wie Gustav
H wie Heinrich
I wie Ida
J wie Julius
K wie Kaufmann
L wie Ludwig
M wie Martha
N wie Nordpol
O wie Otto
P wie Paula
Q wie Quelle
R wie Richard
S wie Samuel
T wie Theodor
U wie Ulrich
V wie Viktor
W wie Wilhelm
Y wie Ypsilon
Z wie Zacharias
Ä A-Umlaut
Ö O-Umlaut
Ü U-Umlaut

これに従うと、Schmitt は S wie Samuel, C wie Cäsar, H wie Heinrich, M wie Martha, I wie Ida, T wie Theodor, T wie Theodor となります。tt のように同じ文字が重なる場合は、Doppel-t あるいは zwei t といいます。その他のつづり方と句読点の表現も紹介します。

89 der Umlaut, -(e)s/-e

groß(es) A	大文字の A	Doppelpunkt (:)	ダブルコロン
klein(es) a	小文字の a	**Komma** / Beistrich (,)	コンマ
Punkt (.)	ピリオド	**Bindestrich** (-)	ハイフン

Müller, u mit Umlaut und zwei l.

90 **● 学位・タイトル**

人前で話す場合

Meine Damen und Herren ...　　みなさま　（英語の Ladies and Gentlemen に相当）

オーストリアでは Herr, Frau と名字の間にタイトルをつけて呼びかけることがよくあり、公的書類や名刺にも学位などのタイトルを記します。よく使われるものを紹介しましょう。

◉「あなた」を表す Sie と du

ドイツ語には「あなた」を表す代名詞が二種類あります。親しい間柄(家族、恋人、友人や学生同士、大人が子供に話しかけるとき）では du、その他の精神的に距離のあるかしこまった間柄では Sie を使います。

du を用いる相手は、原則としてファーストネームで呼びかけ、Sie を使う相手は、Herr や Frau を用います。学校などで子供が大人に対して Sie を使い、大人が子供に対して du を使う特殊なケースを除いて、基本的に呼び方は年の差や男女差を問わず Sie か du で統一します。日本語のように話し手の一方のみが敬語を使うということはありません。どちらを使うかは、年長者や女性が決定するのがマナーです。

Sie の間柄が親しくなり、du に変わる場合は、やはり年長者または女性から、Wollen wir uns duzen? と提案をします。相手が了解したら、改めてファーストネームで自己紹介をして、du に切り替えます。

Doktor (Dr.)	博士 / 博士号取得者
Magister (Mag.) / Master (Ma.)	修士 / 修士号取得者
Diplomingenieur (Dipl. Ing.)	工学修士
Professor (Prof.)	教授 / 先生
Direktor	校長 / 部長 / 院長 / 館長

呼びかけるときは Herr / Frau と名字の間にタイトルをいれます。

Frau Doktor Wagner	ワーグナー博士
Herr Magister Zimmermann	ツィンマーマン修士

91

2 身分証明書

der (Reise)pass, -es/-pässe　パスポート

der Ausweis, -es/-e　身分証明書

den (Reise)pass / Ausweis holen　パスポート / 身分証明書を取る

das Papier, -s/-e（通常複数形）　身分証明書 / 証明書

das Dokument -(e)s/-e　証書 / 公文書

die Unterschrift, -/-en　サイン

der Stempel, -s/-　印 / スタンプ

die Anmeldung, -/-en　届け出 / 申し込み

die (Anmelde)bestätigung, -/-en　住民登録済証明書 / 申し込み証明書

der Lebenslauf, -s/-läufe　履歴書

der Führerschein, -s/-e　運転免許証

den Führerschein machen / holen　運転免許を取る

der Fahrausweis, -(e)s/-e　運転免許証

der Führerausweis, -(e)s/-e　運転免許証

aus|füllen　記入する

unterschreiben　サインをする

machen　（免許を）取得する

92

● 役所で

A : Bitte unterschreiben Sie hier.

B : Hier?

A : Ja, genau. Und Ihren Ausweis bitte.

A：ここにサインをお願いします。

B：ここですか？

A：はい、そうです。それから身分証明書を見せてください。

93

● 友人との会話

A: Hast du schon den Führerschein gemacht?

B: Ja, ich habe ihn schon, aber das Dokument kann ich erst morgen abholen.

A: Toll, dann fahren wir mal mit meinem Auto nach Dresden.

B: Gute Idee.

das Dokument ここでは「免許証」

A：もう免許取れたの？

B：ええ、もう取れたわ。でも免許証は明日になってやっと手に入るの。

A：やったね、じゃあそうしたら僕の車でドレスデンへドライブしようよ。

B：いいわね。

◉ サインとハンコ

日本では証明書などに印鑑を用いるのが一般的ですが、ドイツ語圏では、Stempel（印）は公的機関の公印しかありません。個人の印鑑に代わるものが自署（サイン）です。日本在住のドイツ語母語話者は、日本に来てはじめて個人の印鑑を作りますが、印鑑のことを Hanko、Stempel といっているようです。

94

3 住所

die Adresse, -/-n　住所

der Wohnort, -(e)s/-e　（書式で使われる）住所 / 居住地

die Straße, -/-n　道 / 通り

der Platz, -es/Plätze　広場

die Hausnummer, -/-n　家の番地

die Postleitzahl, -/-en　郵便番号

die Stadt, -/Städte　市 / 街

in meiner Stadt　私の街では

das Dorf, -(e)s/Dörfer　村

der Ort, -(e)s/-e　場所

die Hauptstadt　首都

die Metropole, -/-n　大都市

das Bundesland, -(e)s/-länder　州

der Kanton, -s/-e　州 🇨🇭

die Präfektur, -/-en　（日本の）府 / 県

das Land, -es/Länder　国

in meinem Land　私の国では

wohnen　住む

in 地名 wohnen　地名に住んでいる

leben　住む / 生活する

bei uns　私たちのところで

zu Hause　家では / 自分の本拠地では

95

● 初対面で

A : Wo wohnen Sie?

B : Ich wohne in Wien. Und Sie? Wo sind Sie zu Hause?

A : Ich lebe auch in Wien.

B : Ach so.

A：どちらにお住まいですか？

B：ウィーンです。あなたは？どちらにお住まいですか？

A：私もウィーンです。

B：そうですか。

96

● スイス人と日本人の会話

A : Gibt es bei euch Bundesländer?

B : Nein, bei uns heißen sie Präfekturen. Und wie ist es bei euch in der Schweiz?

A : Bei uns heißen sie Kantone.

B : Ach ja, Kantone.

A：君たちのところには（＝日本には）州はあるの？

B：ううん、日本では県っていうんだ。スイスはどうなの？

A：スイスは、カントーンって言っているのよ。

B：ああそうか。カントーンだったね。

97

◉ 住所の表示

ドイツ語圏の住所表示は、玄関が面している通りや広場の名前に番地をつけた形で表示されます。通りを表す表現には、次のようなものがあります。

-straße	～通り	Schillerstraße
-gasse	～小路、～通り	Friedrichgasse
-weg	～小路	Schlossweg
-allee	～並木	Hauptallee
-ring	～環状道路	Schottenring
-siedlung	～団地	Altbausiedlung
-platz	～広場	Alexanderplatz

Ich wohne in der Schillerstraße.　　私はシラー通りに住んでいます。

98
● 申込用紙などによく見られる記入事項

Name	Klaus Waldberg
Wohnort	Hauptstraße 15
Stadt	Bad Vöslau
Bundesland	Niederösterreich
Land	Österreich
Ort, Datum	Wien, 3. Apr. 2013
Unterschrift	*Klaus Waldberg*

99
4 誕生日・年齢

das Geburtsdatum, -s/-daten （主に書類で）誕生日

der Geburtstag, -s/-e 誕生日

der Geburtsort, -(e)s/-e （主に書類で）出生地

das Alter, -s/- 年齢

基数詞 (Jahre alt) 〜歳である

Ich bin 20 Jahre alt. 私は20歳です。

基数詞 Monate 〜か月

das Baby, -s/-s 赤ちゃん

das Kind, -es/-er 子供

der Erwachsene, -n/-n（形容詞変化）大人

die Erwachsene, -n/-n（形容詞変化）大人

基数詞 **sein** *(s)* 〜歳である

wachsen *(s)* 成長する

geboren sein 生まれた

in 場所 geboren 〜で生まれた

am 日付 geboren 〜に生まれた

klein 小さい

jung 若い

alt 年をとっている

100
● 学生の会話

A: Wie alt bist du?

B: Ich bin 20 Jahre alt. Und du?

A: Ich bin erst 19.

A：あなた、いくつ？

B：20歳だけど。君は？

A：まだ19よ。

101

● 友人との会話

A : Wann bist du geboren?

B : Mein Geburtstag ist der 23. August. Ich bin 1988 geboren.

A : Und wo?

B : In Tokio.

A：誕生日はいつ？

B：私の誕生日は 8 月 23 日だよ。1988 年生まれ。

A：どこで？

B：東京だよ。

102

● 知人との会話

A : Sie haben ein Baby! Wie alt ist es?

B : Anna ist drei Monate.

A : Ach, sie ist so süß!

A：赤ちゃんがいるんですか！いくつですか？

B：アンナは 3 か月ですよ。

A：まあ、かわいいですねえ。

süß （人や物が）かわいい

103

5 性別

das Geschlecht, -(e)s/-er	性別
der Mann, -(e)s/Männer	男性
der Herr, -n/-en	男性 / 紳士 / （男性に対して）～さん
der Junge, -n/-n	青年 / 男の子 / 息子
der Bub, -en/-en	青年 / 男の子
die Frau, -/-en	女性 / （女性に対して）～さん
die Dame, -/-n	女性 / 淑女
das Mädchen, -s/-	女の子 / 娘
männlich	男性の
weiblich	女性の

104

● 女性の職業や身分を表す -in

ドイツ語には、職業や身分を表す単語に、男性形と女性形があります。多くの単語は、男性形に -in という語尾をつけることで、女性形にすることができます。男女の別なく複数形で表す場合には、男性の複数形を用います。

元々職業名に -mann が付いている場合には、その女性形は -frau となります。

Student	Studentin	学生
Arzt	Ärztin	医者
Kaufmann	Kauffrau	営業担当者

105

● 学生の会話

A : Kennst du den Mann dort?

B : Den Herrn dort? Ja, das ist Professor Weigel.

A : Ach, das ist der Professor Weigel!

A：あそこにいる男の人知ってる？

B：あの男性？ああ、ワイゲル教授だよ。

A：ああ、彼がワイゲル教授か。

106

● レストランで

A : Entschuldigung, wo ist die Toilette?

B : Dort links ist für Damen.

A : Danke schön.

A：すみません、お手洗いはどこでしょうか？

B：そこの左側が女性用ですよ。

A：ありがとうございます。

107

6 家族・恋人

der Familienstand, -(e)s/（単数のみ）（主に書類で）配偶者の有無

男性形	女性形	
der Freund, -(e)s/-e	**die Freundin**, -/-nen	友達 / パートナー / 恋人
der Partner, -(e)s/-e	**die Partnerin**, -/-nen	パートナー / 恋人

das Ehepaar, -(e)s/-e　夫婦

der Mann, -(e)s/Männer　男性 / 夫

der Ehemann　夫

die Frau, -/-en　女性 / 妻

die Ehefrau　妻

die Familie, -/-n　家族

die Eltern（複数のみ）　両親

der Vater, -s/Väter　父親

die Mutter, -/Mütter　母親

das Kind, -(e)s/-er　子供

der Sohn, -(e)s/Söhne　息子

die Tochter, -/Töchter　娘

heiraten　結婚する

verheiratet sein　結婚している

geschieden sein　離婚している

getrennt sein　離婚している

ledig sein　独身の

allein sein　独身の / 一人身の

zusammen sein　一緒に

108

● 知人との会話

A: Sind Sie verheiratet?

B: Nein, noch nicht. Aber ich lebe mit meiner Freundin zusammen.

A: Ach so.

A：結婚していらっしゃるのですか？

B：いえ、まだです。でも恋人と一緒に住んでいます。

A：ああ、そうでしたか。

109

● 知人との会話

A: Haben Sie Kinder?

B: Ja, wir haben zwei Kinder, einen Sohn und eine Tochter. Und Sie?

A: Wir haben leider keine Kinder.

A：お子さんはいらっしゃいますか？

B：はい、二人おります。息子が一人と、娘が一人です。お宅は？

A：うちには、残念ながら、子供はいないんです。

◉ Freund / Mann と Freundin / Frau

通常、Freund/Freundin は「友達」を指しますが、異性に対して所有冠詞（mein, dein, Ihr, sein, ihr など）がつくと「恋人」になります。また Mann/Frau は、「男性」「女性」を意味しますが、所有冠詞がつくと、「夫」「妻」になります。

110

● 知人との会話

A: Ist der Mann von Barbara nicht mitgekommen?

B: Nein. Sie sind geschieden. Das wissen Sie vielleicht noch nicht.

A: Oh, nein, das wusste ich wirklich gar nicht.

A：バーバラのご主人は一緒に来なかったの？

B：いいえ。彼らは離婚したんです。
まだご存知なかったんですね。

A：なんてこと。私、本当に全然知りませんでした。

> wirklich　本当に
> gar nicht　まったく～ない

111

7 家族・親戚・知人

der Bruder, -s/Brüder	兄弟
die Schwester, -/-n	姉妹
die Geschwister（複数のみ）	兄弟姉妹
die Großmutter, -/-mütter	祖母
der Großvater, -s/-väter	祖父
die Großeltern（複数のみ）	祖父母
der Onkel, -s/-	伯父 / 叔父
die Tante, -/-n	伯母 / 叔母
der Vetter, -s/-n	いとこ / 親類
die Vetterin, -/-nen	いとこ / 親類
der Cousin, -s/-s	いとこ
die Cousine, -/-n	いとこ
der Verwandte, -n/-n（形容詞変化）	親類
die Verwandte, -n/-n（形容詞変化）	親類
der Nachbar, -n/-n	隣人 / 近所の人
die Nachbarin, -/-nen	隣人 / 近所の人
leben	暮らしている / 生きている
sterben *(s)*	亡くなる / 死ぬ
mit j^3 verwandt sein	人^{3}と親類である
von j^3	人^{3}の

112

● 知人との会話

A: Haben Sie Geschwister?

B: Ja, ich habe eine Schwester. Und Sie?

A: Ich habe leider keine Geschwister.

A：兄弟はいますか？

B：ええ、妹がひとり。あなたは？

A：残念ながら兄弟はいません。

113

● 友人との会話

A: Leben deine Großeltern noch?

B: Ja, meine zwei Großmütter und ein Großvater leben noch, aber ein Großvater ist leider schon gestorben.

A: Ach so. Aber gut, ich habe keine Großeltern mehr.

A：君のおじいちゃんおばあちゃんはまだ生きているの？

B：うん、祖母二人と祖父一人はまだ生きているよ。でももう一人の祖父は他界してしまっているんだ。

A：そうなんだ。でもいいなあ、僕にはもう祖父母がいないんだ。

114

● 友人との会話

A: Wer ist das?

B: Das ist Thomas, mein Cousin. Sein Vater ist der Bruder von meiner Mutter.

A: Und ist das deine Schwester?

B: Nein, das ist meine Tante.

A: Ach, wirklich!

A：これは誰だい？

B：これはいとこのトーマスだよ。トーマスのお父さんは母の弟なんだ。

A：で、これは君のお姉さん？

B：ちがうよ、叔母よ。

A：ええ、本当？

115

8 国籍と出身地

die Staatsangehörigkeit, -/-en （主に書類で）国籍

die Nationalität, -/-en 国籍

die Staatsbürgerschaft, -/-en 国籍

das Ausland, -(e)s/（単数のみ） 外国

ins Ausland gehen 外国へ行く

男性形	女性形	
der Japaner, -(e)s/-	**die Japanerin**, -/-nen	日本人
der Ausländer, -(e)s/-	**die Ausländerin**, -/-nen	外国人
der Fremde, -n/-n（形容詞変化）	die Fremde, -n/-n（形容詞変化）	外国人 / その土地の者でない者

das Land, -(e)s/Länder	国	**woher**	どこから
		wo … her	どこから
kommen *(s)*	来る	**von wo**	どこから
aus 地名 kommen	～の出身である	fremd	その土地の者ではない
sein *(s)*	ある		
aus 地名 sein	～の出身である		

人物紹介

116

● 初対面で

A : Woher kommen Sie?

B : Ich bin aus Japan, aus Kagoshima. Woher sind Sie?

A : Ich bin aus Salzburg in Österreich.

A：どちらのご出身ですか？

B：日本です。鹿児島出身です。あなたはどちらのご出身ですか？

A：私はオーストリアのサルツブルク出身です。

117

● 知人との会話

A : Welche Nationalität haben Sie?

B : Ich bin Japaner. Und Sie? Sind Sie Deutsche?

A : Ich habe die österreichische Staatsbürgerschaft. Aber meine Mutter kommt aus Hamburg.

A：あなたの国籍は？

B：私は日本人です。あなたは？ドイツ人ですか？

A：私はオーストリア国籍です。でも母はハンブルク出身なんですよ。

118

● 街で

A : Entschuldigung, wo ist die Post?

B : Es tut mir leid, ich bin fremd hier.
Ich kenne mich hier in der Gegend nicht aus.

A：すみません、郵便局はどこですか？

B：ごめんなさい、この土地の者ではないんです。
このあたりのことはよく知りません。

> Ich kenne mich nicht aus.
> 詳しく知らない / よくわからない。

119

9 宗教

die Religion -/-en	宗教
der Glaube, -ns/-n	信仰
die Konfession, -/-en	信仰告白
der Gott, -es/Götter（キリスト教の神の場合は無冠詞）	神
die Göttin, -/-nen	女神
das Christentum, -s/（単数のみ）	キリスト教
der Islam, -s/（単数のみ）	イスラム
das Judentum, -s/（単数のみ）	ユダヤ教
der Buddhismus, -/（単数のみ）	仏教
der Schintoismus, -/（単数のみ）	神道
der Atheismus, -/（単数のみ）	無神論
der Gottesdienst, -(e)s/-e	礼拝
die Kirche, -/-n	教会
der Dom, (-e)s/-	大聖堂
meditieren	瞑想する
reinigen	清める
religionslos	無信仰の / 宗教をもたない

120

● 友人との会話

A : Welche Religion hat man in Japan?

B : Viele haben keinen festen Glauben.

A : Was? Glaubt ihr nicht an Gott?

B : Nein, viele sind religionslos.

A：日本では、どんな宗教が信仰されているの？

B：多くの人は特定の信仰を持っていないんだよ。

A：えっ？君たちは神様を信じないの？

B：無信仰の人は多いね。

> Was?　何？（驚いて聞き直す表現 言い方により失礼になる）

121

● 友人との会話

A : In Österreich sind viele katholisch.

B : Du auch?

A : Nein, ich bin evangelisch.

B : Gehst du in die Kirche?

A : Nicht jeden Sonntag.

A：オーストリアでは多くの人がカトリックです。

B：あなたも？

A：いや、僕はプロテスタントなんだ。

B：教会には行くの？

A：毎週日曜日に行くというわけじゃないね。

122

● 各宗教に関する基本単語

キリスト教

das Christentum, -s/（単数のみ）	キリスト教
der Christ, -en/-en	キリスト教徒
die Christin, -en/-en	キリスト教徒
die Bibel, -/-n	聖書
katholisch	カトリックの
protestantisch	プロテスタントの
evangelisch	プロテスタントの

イスラム教

der Islam, -s/（単数のみ）	イスラム
der Muslim, -s/-s	イスラム教徒
die Muslimin, -/-nen	イスラム教徒
muslimisch	イスラムの
die Moschee, -/-n	モスク

ユダヤ教

das Judentum, -s/（単数のみ）	ユダヤ教
der Jude, -n/-n	ユダヤ人
die Jüdin, -/-nen	ユダヤ人
jüdisch	ユダヤの / ユダヤ教の
die Synagoge, -/-n	シナゴーグ

仏教

der Buddhismus, -/	仏教（単数のみ）
der Buddhist, -/-en	仏教徒
die Buddhistin, -/-nen	仏教徒
buddhistisch	仏教の
der Buddha, -s/-s	仏 / 釈迦
der Tempel, -s/-	寺

神道

der Schintoismus, -/（単数のみ）	神道
der Schintoist, -en/-en	神道信者
die Schintoistin, -/-nen	神道信者
schintoistisch	神道の
der (schintoistische) Schrein, -(e)s/-e	神社

◉ **ドイツ語圏と日本の宗教**

ドイツでは、2008 年の調査によると国民の 60%以上がキリスト教で、プロテスタントとローマ・カトリック教会に属している人がほぼ半々です。オーストリアでは、国民の約 66%がカトリック教徒で、プロテスタントは約 4%です。スイスでは 40%以上がカトリック、30%以上がプロテスタントです。ドイツ語圏主要三ヶ国の宗教に共通して見られる最近の傾向は、従来のキリスト教の教会を脱退する人が増える一方、外国人住民の数の増加に伴い、イスラム教徒の人口が増え、その割合が 4%ほどになってきていることです。日本では、多くの人が特定の一つの宗教を持たず、特に仏教と神道を融合させて一年の様々な行事を執り行っています。このような宗教の融合は日本の文化そのものを形成しているといっても過言ではありませんが、ヨーロッパ人から見ると、多くの人が仏教、神道、キリスト教を状況によって使い分けるのは非常に珍しく、なかなか理解されないことがあります。ドイツ語圏の人と話をすると、宗教の話をする機会が多いので、日本の、そして自分の宗教観についての表現を覚えておくと、いざというときに役立つでしょう。

Quelle : Der Fischer Weltalmanach 2011

123

10 性格

der Typ, -(e)s/-n	タイプ / 人
ein lustiger Typ	面白いタイプ
der Humor, -s/（単数のみ）	ユーモア
nett	親切な
freundlich	親切な / やさしい
unfreundlich	不親切な / やさしくない
sympathisch	好感の持てる
j⁴ sympathisch finden	人⁴ を感じがいいと思う
streng	厳しい
ehrlich	誠実な
sportlich	スポーティーな
ruhig	静かな
langweilig	退屈な
intelligent	頭のいい / 知的な
komisch	おかしな
lustig	面白い
froh	嬉しい
fröhlich	嬉しい
glücklich	幸せな
ernst	まじめな
traurig	悲しい
zufrieden	満足している
mit et³/j³ zufrieden sein	物³/ 人³ に満足している
was für (ein/eine)	どんな（種類の）～
wie	どのような

124
● 職場で

A : Wie ist dein neuer Kollege?

B : Ach, er ist nett, intelligent und sehr ehrlich. Er ist auch ein lustiger Typ.

A : Na, dann hast du Glück gehabt.

A：新しい同僚って、どんな人なの？

B：親切で、頭がよくて、とても誠実だよ。それに面白いやつだよ。

A：それはよかったね。

125
● 学生の会話

A : Ist Herr Professor Schmidt sehr streng?

B : Ja, schon, aber ich finde ihn sympathisch.

A : Ah, verstehe.

A：シュミット教授ってとても厳しいの？

B：まあね。でも好感の持てる人よ。

A：なるほどね。

126
11 容姿

das Gesicht, -(e)s/-er	顔	**das Haar**, -/-e	髪
das Auge, -s/-n	目	der Bart, -(e)s/Bärte	ひげ
die Brille, -/-n	めがね		
eine Brille tragen	めがねをかけている	**aus|sehen**	～に見える

127
● 容姿を表す形容詞

groß	大きい / 背が高い	attraktiv	魅力的な
klein	小さい / 背が低い	fesch	かっこいい / おしゃれ
dick	太っている	**hässlich**	醜い
dünn	やせている / 細身である	**lang**	長い
schmal	やせている / 細身である	**kurz**	短い
jung	若い	**schwarz**	黒い
alt	年をとっている	**braun**	茶色い
schön	美しい	**rot**	赤い
hübsch	かわいい	**grau**	グレー

128

● 友人との会話

A : Wie sieht deine Mutter aus?

B : Sie ist klein, hat kurze dunkle Haare, und ihre Augenfarbe ist braun.

A : Schön!

A：君のお母さんてどんな人？

B：そうねえ、背が低くて、髪は短くて、黒っぽいわ。目の色は茶色よ。

A：いいね！

129

● 友人との会話

A : Und wie sieht dein Vater aus?

B : Mein Vater ist groß. Er trägt eine Brille und hat einen Bart. Sein Haar ist schon ganz grau.

A：それであなたのお父さんの見た目はどんな感じ？

B：父は、背が高いよ。めがねをかけていて、ひげを生やしている。髪は、もうすっかり白髪だよ。

130

● 身分証明書の記載例

Ausweis

Name	: Dr. Andreas Kaufmann
Geschlecht	: männlich
Körpergröße	: 184 cm
Augenfarbe	: braun

食事

131

1 日常の食事

das Essen, -s/- 食事

das Trinken, -s/- 飲むこと

das Getränk, -(e)s/-e 飲み物

der Hunger, -s/（単数のみ） 空腹

Hunger haben お腹がすく

der Durst, -(e)s/（単数のみ） のどの渇き

Durst haben のどが渇く

das Frühstück, -(e)s/-e 朝食

et^4 zum Frühstück essen 物^{4}を朝食にとる

das Mittagessen, -s/- 昼食 / ランチ

zu Mittag essen 昼食をとる

das Abendessen, -s/- 夕食

zu Abend essen 夕食をとる

der Appetit, -(e)s/（単数のみ） 食欲

Guten Appetit! 召し上がれ！ / いただきます！

Mahlzeit! 召し上がれ！ / いただきます！ やあ！（昼時にオフィスでの挨拶として）

essen 食べる / 食する

trinken 飲む

mögen 好む

probieren 味見する / 試食する

frühstücken 朝食をとる

schmecken 〜の味がする

j^3 gut schmecken 人^{3}にとって美味しい

132

● 食事でよく使われる形容詞・副詞

hungrig	空腹な	**lieber**	より好んで
genug	お腹がいっぱい / 十分な	**besser**	より良い
satt	満腹な	**am liebsten**	最も好きである
gern	喜んで	**am besten**	最も良い

133

● 食卓で

A: Guten Appetit!

B: Guten Appetit! Es riecht wirklich gut. Ich habe Hunger.

A: Hoffentlich schmeckt es dir.

A：いただきます。

B：いただきます。本当に良いにおいがする。お腹がすいた。

A：おいしいといいのだけど。

134

● 日本人とドイツ人の会話

A: Was essen Sie in Japan meistens zum Frühstück?

B: Ich esse Brot, aber viele essen Reis und Suppe.

A: Warme Suppe schon am Morgen?
Das ist ganz anders als in Deutschland.

A ist anders als B
A は B と異なる

A：日本では朝食には大体いつも何を食べているのですか？

B：私はパンですが、ごはんやスープを食べる人も多いです。

A：朝にもう温かいスープですか？ドイツとはずいぶん違いますね。

135

● 同僚との会話

A: Was hast du heute zu Mittag gegessen?

B: Nichts. Ich hatte keine Zeit.

A: Hast du keinen Hunger?

B: Doch, schon.

A：今日お昼に何を食べたんだい？

B：何も食べていないよ。時間がなくってね。

A：おなかすいてないの？

B：もちろんすいてるよ。

宗教による食の違い

ベジタリアンはBSEなどの影響で増加傾向にあります。宗教によっても食するものが異なるので、食事を共にする際には、気を配りましょう。ユダヤ教徒はkoscheres Essenを摂るのが一般的で、厳しい制限があり複雑です。イスラム教徒は普通豚肉を食べません。ソースや具の一部でも口にすることに抵抗を示す人も少なくありません。

136

2 調理・食器

die Tasse, -/-n　カップ

das Kännchen, -s/-　小さなポット

das Glas, -es/Gläser　グラス / コップ

das Geschirr, -(e)/-e（通常単数形）　食器

das Geschirr abwaschen / spülen　食器を洗う

das Geschirr abtrocknen　食器を乾かす

der Teller, -s/-　皿 / プレート

das Besteck, -(e)s/-e（通常単数形）　ナイフ・フォーク類

das Messer, -s/-　ナイフ

die Gabel, -/-n　フォーク

der Löffel, -s/-　スプーン

das Stäbchen, -s/-（通常複数形）　お箸

die Flasche, -/-n　瓶 / ボトル

der Topf, -(e)s/Töpfe　なべ

kochen　（火を使って）料理する

et^4 machen　（火を使わず）物^{4}を料理する

putzen　きれいにする

waschen　洗う

den Salat waschen　レタスを洗う

schneiden　切る

137

● 調理に使われる単語

braten　焼く

gebraten sein　焼いてある

backen　（パンやケーキなどを）オーブンで焼く

gebacken sein　オーブンで焼いてある

grillen　グリルする

vom Grill sein　グリルした

gekocht sein　茹でてある

roh sein　生の

138

● 家族の会話

A: Kannst du bitte das Geschirr abtrocknen?

B: Ja, aber warte noch ein bisschen. Ich räume gerade den Tisch ab.

A: Oh, danke. Dann wasche ich schon das Geschirr ab.

A：その食器を拭いてもらえる？

B：いいわ。でもちょっとだけ待って。今テーブルの上の物を下げているから。

A：ああ、ありがとう。じゃあ、僕は食器を洗い始めているよ。

> gerade　たった今

139

● 日本人とドイツ人の会話

A: Wir benutzen nicht immer Messer, Gabel und Löffel zum Essen wie bei Ihnen.

B: Sie essen ja mit Stäbchen, nicht?

A: Ja, richtig. Aber wir benutzen beides, Stäbchen und Besteck.

A：私たちはあなたたちみたいに食事にナイフ、フォーク、スプーンをいつも使うというわけではないのですよ。

B：お箸で食べるのでしょう？

A：ええ、その通り。私たちはお箸とナイフ・フォーク類の両方を使います。

> wie bei j³　人³のところのように（ここでは「あなたの国でのように」）

140

● 来客との会話

A: Heute Morgen habe ich diesen Kuchen gebacken. Möchtest du dazu noch Schlagsahne?

B: Nein, danke. Er schmeckt mir so schon sehr gut.

A：今朝このケーキ焼いたの。生クリームもつけましょうか？

B：いいえ、ありがとう。これでもう十分とてもおいしいよ。

> dazu noch　加えてさらに

141

● 食事に使われる形容詞など

gut	おいしい / 食べられる
schlecht	まずい / 食べられない
fein	上等な / 繊細な / すばらしい
lecker	おいしい
es geht	まあまあ
frisch	新鮮な
fett	脂っこい / 脂肪分の多い
reif	熟した
trocken	乾燥した / 味気ない /（ワインが）辛口の
hart	固い
weich	やわらかい
kalt	冷たい
heiß	熱い

warm	温かい
süß	甘い
sauer	すっぱい
bitter	苦い / 渋い

142 ● 食材

das Lebensmittel, -s/-	(通常複数形) 食料品
die Zutat, -/en	(通常複数形) 食材 / 材料

143 ● 野菜

das Gemüse, -s/-	野菜
der Salat, -(e)s/-e	レタス / サラダ菜
die Kartoffel, -/-n	ジャガイモ
der Erdapfel, -/-äpfel	ジャガイモ
die Karotte, -/-n	ニンジン
die Möhre, -/-n	ニンジン
die Tomate, -/-n	トマト
der Paradeiser, -s/-	トマト
die Gurke, -/-n	キュウリ
die Aubergine, -/-n	ナス
die Eierpflanze, -/-n	ナス
die Melanzani, -/-	ナス
der Spinat, -(e)s/-e	ホウレンソウ
die Zwiebel, -/-n	タマネギ
der Pilz, -es/-e	キノコ
das Schwammerl, -s/-n	キノコ
der Kohl, -(e)s/	キャベツ
der Rotkohl	赤キャベツ

144 ● フルーツ

das Obst, -(e)s/ (単数のみ)	果物
die Frucht, -/Früchte	果実 / 果物
der Apfel, -s/Äpfel	リンゴ
die Erdbeere, -/-n	イチゴ
die Ananas, -/-	パイナップル
die Banane, -/-n	バナナ
die Orange, -/-n	オレンジ
die Apfelsine, -/-n	オレンジ
die Mandarine, -/-n	ミカン
die Zitrone, -/-n	レモン
die Birne, -/-n	ナシ
die Melone, -/-n	メロン
die Wassermelone	スイカ
der Pfirsich,-s/-e	モモ
die Traube, -/-n (通常複数形)	ブドウ

145 ● 乳製品

die Milch, -/	ミルク / 牛乳
die Butter, -/	バター
die Margarine, -/	マーガリン
der Käse, -s/-	チーズ
der Quark, -s/	凝乳
der Topfen, -s/	凝乳
der Joghurt, -(s)/	ヨーグルト (=Jogurt)
die Sahne, -/	生クリーム
der Rahm, -(e)s/	生クリーム
die Schlagsahne	ホイップクリーム
das Schlagobers, -/	ホイップクリーム

乳製品は単数のみ

146
● パン類・麺類

das Brot, -(e)s/-e　パン
das Brötchen, -s/-　プチパン
die Semmel, -/-n　プチパン
das Sandwich, -(e)s/-(e)s　サンドイッチ
der Reis, -es/（単数のみ）　米
die Nudel, -/-n　麺 / パスタ
die Spag(h)etti（複数のみ）スパゲッティ
die Pizza, -/-s　ピザ
die Pommes (frites)（複数のみ）　フライドポテト
das Mehl, -(e)s/-　小麦粉

147
● 魚類・肉類

das Ei, -(e)s/-er　卵
der Fisch, -(e)s/-e　魚 / 魚類
der Tintenfisch　イカ
der Lachs, -es/-e　サケ
der Aal, -(e)s/-e　ウナギ
das Huhn, -(e)s/Hühner　鶏肉
das Hähnchen, -s/-　若鶏
die Pute, -/-n　七面鳥
die Ente, -/-n　鴨
das Fleisch, -(e)s/（単数のみ）　肉
das Rindfleisch　牛肉
das Kalbfleisch　子牛肉
das Schweinefleisch　豚肉
das Hackfleisch　ひき肉
das Faschierte, -n/（形容詞変化）　ひき肉
der Schinken, -s/-　ハム
der Speck, -(e)s/　ベーコン
die Wurst, -/Würste　ソーセージ

148
● お菓子類

der Kuchen, -s/-　スポンジケーキ / ドライケーキ
die Torte, -/-n　生クリームやフルーツをのせたケーキ
die Süßigkeit, -/-en（通常複数形）　菓子 / 甘い物
die Schokolade, -/-n　チョコレート
das Eis, -es/（単数のみ）アイスクリーム
die Glace, -/-s　アイスクリーム
der/das Bonbon, -s/-s　あめ / キャンディ
das Zuckerl, -s/-n　あめ / キャンディ

149

● 調味料・ジャム

die Soße, -/-n　ソース

die Sojasoße　しょう油

das Gewürz, -/-e　薬味 / 香料 / スパイス

das Salz, -es/（単数のみ）　塩

der Pfeffer, -s/（単数のみ）　胡椒

der Senf, -(e)s/-e　マスタード

der/das Ketchup, -(s)/-s　ケチャップ (=Ketschup)

die Mayonnaise, -/-n　マヨネーズ

das Öl, -(e)s/（単数のみ）　油 / オイル

der Essig, -s/（単数のみ）　酢 / ビネガー

der Zucker, -s/（単数のみ）　砂糖

der Knoblauch, -(e)s/（単数のみ）　にんにく / ガーリック

die Marmelade, -/-n　ジャム

die Erdbeermarmelade　イチゴジャム

150

● 飲み物

das Getränk, -s/-e　飲み物

etwas zu trinken　何か飲む物

der Kaffee, -s/（単数のみ）　コーヒー

der Milchkaffee　カフェオレ

der Eiskaffee　アイスクリーム入りコーヒー

der Espresso, -s/-s または Espressi　エスプレッソ

die Schokolade, -/（単数のみ）　ココア

heiße Schokolade　ホットチョコレート

der Kakao, -s/（単数のみ）　ココア

der Tee, -s/（単数のみ）　茶 / 紅茶

grüner Tee　緑茶

die Milch, -/（単数のみ）　ミルク / 牛乳

das Wasser, -s/（通常単数形）　水

das Mineralwasser, -s/-wässer　ミネラルウォーター

das Mineral, -s/-e　ミネラルウォーター

die Limonade, -/-n　レモネード

die Limo, -/-s　レモネード

der Saft, -(e)s/Säfte　ジュース

der Orangensaft　オレンジジュース

der Apfelsaft　りんごジュース

das Cola, -(s)/-　コーラ

die Cola, -/-　コーラ

die Schorle, -/-n　炭酸割り飲み物

die Apfelschorle　炭酸割りりんごジュース

der Gespritzte, -n/-n（形容詞変化）　炭酸割り飲み物

Quark と Topfen

ドイツで Quark、オーストリアで Topfen と呼ばれる、食生活になくてはならないものがあります。「凝乳、カッテージチーズ、フレッシュチーズ」などと訳されることが多いのですが、日本で販売されているカッテージチーズとも異なります。Quark に甘みはなく、ヨーグルトのようにジャムやシリアルと一緒に食べたり、料理にも使われます。ホテルの朝食には必ずありますし、スーパーの乳製品売り場にヨーグルトと並べられています。Topfen は脂肪分が Quark より多く、固形。Topfenstrudel, Topfenknödel という言葉があるように、ケーキや料理に使われることが多いようです。「Quark と Topfen は違うもの！」という主張もちらほら聞こえますが、日本語にしてしまうと同じです。ぜひ現地で食べ比べをしてみてください。
発音上注意したいのが、Quark。qu は [kv] と濁ります。他に同様の単語としては die Quelle（源）、die Qualität（質）などがあります。

151

● 単位

die Portion, -/-en	ポーション / 一人前
das Stück, -(e)s/（通常単数形）	ピース / 個
drei Stück Kuchen	ケーキ３個
das Paket, -(e)s/-e	包み / 箱
die Dose, -/-n	缶
das Glas, -es/（通常単数形）	コップ / グラス
zwei Glas Bier	ビール２杯
die Tasse, -/-n	カップ
die Flasche, -/-n	瓶 / ボトル
die PET-Flasche, -/-n	ペットボトル
der Kasten, -s/Kästen	ケース / 箱
die Packung, -/-en	箱 / パッケージ
der Liter, -s/-	リットル
das Gramm, -s/-	グラム
das Kilo(gramm), -s/-	キログラム
das Pfund, -(e)s/-	ポンド（500g）
das Deka, -(s)/-	デカ（10g）
die Tonne, -/-n	トン
der Becher, -s/-	カップ

食材のドイツ語様々

ドイツ語圏主要三か国のドイツ、オーストリア、スイスは、特に生活に密着している食材にそれぞれの言い方があります。年齢や社会的身分に関係なく日々使われる単語なので、滞在先に合わせてしっかり覚えましょう。オーストリアでは母音の前に置かれる s を [z] ではなく [s] と濁らず発音しますし、スイスでは [r] を巻き舌で強く発音します。スイスには ß の表記がありません。

152

3 飲食店・軽食店

das Restaurant, -s/-s	レストラン
die Kneipe, -/-n	居酒屋 / 飲み屋
das Lokal, -(e)s/-e	飲食店 / 飲み屋
die Wirtschaft, -/-en	飲食店
die Raststätte, -/-n	（高速道路などの）サービスエリア
der Imbiss, -es/-e	軽食店
zum Imbiss gehen	軽食店に行く
das Schnellrestaurant	ファストフード店
das Café, -s/-s	カフェ
die Konditorei, -/-en	喫茶店 / ケーキ店
das Kaffeehaus, -es/-häuser	カフェ
die Bar, -/-s	バー
der Biergarten, -s/-gärten	ビアガーデン
die Selbstbedienung, -/-en	セルフサービス
der Tisch, -(e)s/-e	テーブル
der Stuhl, -(e)s/Stühle	椅子
der Gast, -(e)s/Gäste	客
der Kellner, -s/-	ウェイター
die Kellnerin, -/-nen	ウェイトレス

153

● 友人との会話

A : Gehen wir indisch essen! Ich mag Curry.

B : Ja, Curry esse ich auch gern.

A : Isst du gern scharf?

B : Nein, nicht so sehr.

A：インド料理屋に行こうよ。カレーが好きなんだ。

B：いいよ。僕もカレーは好きだな。

A：辛いのは好き？

B：いや、辛いのはそれほど好きじゃないけど。

154

● 同僚との会話

A : Ich kenne ein gutes Lokal. Gehen wir etwas trinken?

B : Hat es noch auf? Es ist schon so spät.

A : Mal sehen.

A：僕、いい居酒屋知っているよ。飲みに行く？

B：まだ開いている？もうこんなに遅いよ。

A：まあ行ってみよう。

auf|haben
開店している（↔ zu|haben）

◉ **店員さんへの呼びかけ方**

Entschuldigung!（すみません）が一般的です。Herr Ober!（男性の店員に）、Fräulein!（女性の店員に）などもありますが、年々使われない傾向にあります。格式ばった店でなければ、Hallo! と声を掛けることもよくあります。

◉ **ファストフード**

ドイツ語圏でもファストフード店は増加傾向にあり、Fastfood という単語も市民権を得ています。ファストフード店などでよく Zum Mitnehmen oder zum hier Essen?（お持ち帰りですか、ここでお召し上がりになりますか？）と聞かれるので覚えておくと便利です。

155

4 注文

die Küche, -/-n	料理 / 食事 / 料理法
das Menü, -s/-s	定食 / コースメニュー
das Mittagsmenü	ランチ定食
die Vorspeise, -/-n	前菜
als Vorspeise	前菜に / として
die Suppe, -/-n	スープ
eine / die Suppe essen	スープを飲む
die Beilage, -/-n	付け合わせ
der Nachtisch, -(e)s/-e（通常単数形）	デザート
das Dessert, -s/-s	デザート
etwas zum Nachtisch	デザートに何か
als Nachtisch	デザートに / として
geben	（調味料などを）取って人に回す
j^3 et^4 geben	人^{3}に物^{4}を取って渡す
ein|schenken	飲み物を注ぐ
j^3 et^4 einschenken	人^{3}に物^{4}を注ぐ
bestellen	注文する
nehmen	注文する / 皿に取る
bekommen	注文する
bringen	もらう / 持って来る
die (Speise)karte bringen	メニューを持って来る
ein bisschen	少々 / 少し
noch	更に / まだ

156

● 主な肉料理

das Schnitzel, -s/- 薄切りのカツレツ

das Kotelett, -s/-s カツレツ

das Steak, -s/-s ステーキ

der Braten, -s/- ロースト / 焼いた肉

der Sauerbraten
酢や赤ワインに漬けてローストした牛肉

der Schweinebraten
ローストポーク

das/der Gulasch, -(e)s/-e グーラシュ
（ハンガリー風の肉の煮込み料理）

der Hamburger, -s/-s ハンバーガー

157

● レストランで

A : Guten Tag! Wollen Sie vielleicht unser Mittagsmenü probieren?

B : Was gibt es heute?

A : Als Hauptgang gibt es Wiener Schnitzel mit Pommes frites. Dazu bekommen Sie eine Gemüsesuppe und ein Brötchen. Als Nachtisch ein Eis mit Sahne.

dazu それに加えて

A：こんにちは。私たちのランチコースをお試しになってみてはいかがでしょう？

B：今日は何ですか？

A：メインディッシュはウィーン風シュニッツェル、フライドポテト添えです。それに野菜スープとプチパンが付きます。デザートは生クリーム添えのアイスです。

158

● 友人との会話

A : Schön, italienische Küche!

B : Ja. Was nimmst du?

A : Hmm, wollen wir uns Spagetti und Pizza teilen?

B : Gute Idee. Dann bestelle ich noch Rotwein dazu.

A：いいな、イタリア料理か。

B：ええ。何にする？

A：そうだな、スパゲッティとピザを取り分けるのはどう？

B：いいわよ。じゃあ、それに赤ワインも注文するわね。

159

● レストランで

A : Darf ich Ihnen noch ein bisschen Wein einschenken?

B : Nein, danke. Ich habe heute schon genug.

A : Möchten Sie dann etwas zum Nachtisch?

B : Was ist die Spezialität dieser Gegend?

A：もう少しワインをお注ぎしてもよろしいでしょうか？

B：いえ、結構です。今日はもう十分頂きました。

A：ではデザートに何かいかがでしょう？

B：この地方のお薦めは何ですか？

160

5 予約・支払い

die Speisekarte, -/-n　メニュー

die Rechnung, -/-en　精算 / 請求書

das Trinkgeld, -(e)s/-er　チップ

essen gehen (*s*)　食べに行く / 外食する

reservieren　予約する

einen Tisch reservieren　テーブルを予約する

ein|laden　招待する / ご馳走する

wählen　選ぶ

aus|wählen　選び出す

bezahlen　支払う / お勘定する

inklusive　～込みの

zusammen　一緒に（支払う）

getrennt　別々に（支払う）

Zusammen oder getrennt?　ご一緒に会計されますか、別々ですか？

frei sein　席が空いている

besetzt sein　ふさがっている / 先客がいる

161

● レストランの電話予約

A: Ich möchte für heute Abend um sieben Uhr einen Tisch reservieren.

B: Für wie viele Personen?

A: Insgesamt sechs.
Vier Erwachsene und zwei Kinder.

B: Ihr Name, bitte?

> Für wie viele ...?
> どのくらいの（人数や個数）用に？
> insgesamt　トータルして

A：今晩７時に予約したいのですが。

B：何名さまですか？

A：全部で６名です。大人４名、子供２名です。

B：お名前をお願いいたします。

162

● レストランの支払い

A: Entschuldigung! Ich möchte bezahlen.

B: Zusammen oder getrennt?

A: Zusammen, bitte.

B: Das macht 15,50 Euro.

A: 17 Euro. Stimmt so!

B: Danke schön !

> Das macht ...　合計で…になる

A：すみません！支払いたいのですが。

B：ご一緒にお会計ですか、別々ですか？

A： 一緒で。

B：15 ユーロ 50 です。

A：17 ユーロでお願いします。おつりは結構です。

B：ありがとうございます。

◉ チップの渡し方

ドイツ語圏ではチップを渡すのが一般的です。切りのいい数字で 5%～ 10%程度渡しますが、サービスや料理に不満があった場合は渡さなくても構いません。
18 ユーロ 50 のものを注文して、20 ユーロ渡すとき、おつりをチップとして渡したいときは Stimmt so!(間違いありません) と言います。50 ユーロ札しか手持ちがない場合には、20 Euro, bitte! と言えば、手元に 30 ユーロ返ってくるはずです。クレジットカードでの支払いの際は、書かれた金額を自分で訂正してチップ込の額を記入するか、チップだけ現金で渡す方法もあります。

163

6 アルコール

der Alkohol, -s/（単数のみ）	酒 / アルコール飲料
der Wein, -(e)s/（通常単数形）	ワイン
der Rotwein, -(e)s/-e	赤ワイン
der Weißwein, -(e)s/-e	白ワイン
der Reiswein, -s/（通常単数形）	日本酒
der Sake, -s/（単数のみ）	日本酒
das Bier, -(e)s/（通常単数形）	ビール
der Schnaps, -es/Schnäpse	シュナップス（度数の高い蒸留酒）
der Likör, -s/-e	リキュール
das Eis, -es/（単数のみ）	氷
Zum Wohl!	乾杯！
Prost!	乾杯！
Auf j⁴/et⁴!	人⁴/ 物⁴に乾杯！

164

● ドイツ人と日本人の会話

A : Hast du noch nie Schnaps getrunken?

B : Nein, heute zum ersten Mal.
Ich trinke normalerweise Reiswein.

A : Schau! Am besten trinkt man ihn so.

B : Oh, Mann! In einem Zug?

A：シュナップスを飲んだことがないの？

B：ないよ。今日、初めて。普段は日本酒を飲んでいるよ。

A：見ていろ。こう飲むんだ。

B：まさか。一気？

> zum 序数詞 -en Mal　～回目
> Mann!　びっくりだ！/ なんてこった！（驚きを隠せない表現）
> in einem Zug (trinken)
> 一気に（飲む）

165

● 友人との会話

A : Prost! Auf unsere Gesundheit!

B : Prost!

A：乾杯！私たちの健康のために！

B：乾杯！

◉ 乾杯！

「乾杯」には、Prost! / Prosit! / Zum Wohl! / Auf ...! と、様々な言い方があります。Auf dich! で「君のために乾杯！」、Auf unsere Gesundheit! で「私たちの健康のために乾杯！」です。Prosit Neujahr! は「明けましておめでとう」。「乾杯する」という動詞は toasten や anstoßen で、Auf ...! の後にはこの動詞が省略されています。

166

7 タバコ

der Tabak, -s/（単数のみ）	タバコ
die Zigarette, -/-n	紙巻きタバコ
die Zigarre, -/-n	葉巻
der Kiosk, -(e)s/-e	キオスク / 売店
die Tabaktrafik, -/-	キオスク / タバコ屋
das Streichholz, -es/-hölzer	マッチ
das Feuerzeug, -(e)s/-e	ライター
das Feuer, -s/-	火
der Zigarettenautomat, -en/-en	タバコ自動販売機
der Raucher, -s/-	喫煙者
der Nichtraucher, -s/-	非喫煙者
rauchen	タバコを吸う
aus|machen	火を消す
stark	（タバコが）強い
leicht	（タバコが）軽い

167

● 同僚の会話

A : Hast du Feuer?

B : Nein, ich rauche nicht.

A : Ach, schade. Viele sind jetzt Nichtraucher.

A：ライター持ってる？

B：いや、タバコは吸わないからね。

A：それは残念だ。多くの人が今は吸わないんだな。

168

● 訪問先で

A : Wo darf ich hier rauchen?

B : Gehen Sie bitte auf die Terrasse. Dort finden Sie auch einen Aschenbecher auf dem Tisch.

A : Alles klar. Danke schön!

A：お宅ではどこで喫煙したらよろしいでしょうか？

B：テラスに出てください。そこのテーブルの上に灰皿も置いてあります。

A：わかりました。ありがとうございます。

Kiosk と Tabaktrafik

タバコや新聞が欲しいとき、ドイツではキオスク（Kiosk）に行けば買えます。本や絵葉書、宝くじなども置いてあり、日本より規模が大きいのが普通です。オーストリアでは Tabaktrafik と呼ばれ、街のあちらこちらにあります。この Tabaktrafik は、そもそも 18 世紀後半にヨーゼフ二世がタバコを専売制にし、戦争未亡人や傷病兵などに経営権を与えて生活の糧を保障したことが由来とされており、それがオーストリア・ハンガリー二重帝国を経て現代まで引き継がれています。

住まい

169

1 住居

das Haus, -es/Häuser 家

zu Hause sein / bleiben 自宅にいる

die Wohnung, -/-en マンション / 住まい

das Zimmer, -s/- 部屋

das Studentenwohnheim, -(e)s/-e 学生寮

das Studentenheim, -(e)s/-e 学生寮

das Pflegeheim, -(e)s/-e 介護ホーム

wohnen 住む

bei j^3 wohnen 人^{3}のもとに住んでいる（扶養されている場合や寄宿している場合）

mit j^3 wohnen 人^{3}と一緒に住んでいる（同居人と同等の立場で住んでいる場合）

in et^3 wohnen 物^{3}に住んでいる

kaufen 買う / 購入する

verkaufen 売る / 売却する

aus|ziehen *(s)* 引き払う

aus et^3 ausziehen 物^{3}から引っ越す / 引き払う

ein|ziehen *(s)* 入居する

in et^4 einziehen 物^{4}に入居する

um|ziehen *(s)* 引っ越す

in et^4 umziehen 物^{4}に引っ越す

nach 地名 umziehen 地名に引っ越す

bauen 建てる

170

● **学生の会話**

A : Wo wohnst du?

B : Ich wohne in einem Studentenwohnheim. Und du?

A : Ich wohne mit meiner Schwester in einer Wohnung.

B : Beneidenswert. Ich würde gern aus dem Studentenwohnheim ausziehen.

A：どこに住んでるの？

B：学生寮だよ。君は？

A：姉とマンションに住んでいるんだ。

B：いいな。私も学生寮から引っ越したいよ。

> beneidenswert
> いいな / うらやましい
> würde gern
> 〜したい / 〜できたらなあ
> （würde は werde の接続法 II 式）

171

● **近所で知人との会話**

A : Ziehen Sie um?

B : Ja, wir haben ein Haus gekauft.

A : Ach so, und verkaufen Sie diese Wohnung?

B : Nein, in der Wohnung wird unser Sohn wohnen.

A：お引っ越しですか？

B：はい、家を購入したんです。

A：そうなんですか。このマンションは売却なさるんですか？

B：いいえ、このマンションには息子が住む予定です。

172

● **友人との会話**

A : Weißt du? Marina zieht nach München um.

B : Wirklich? Wann denn?

A : Im April. Sie baut jetzt dort ein Haus.

B : Das wusste ich nicht.

A：知ってる？マリーナがミュンヘンに引っ越すんだよ。

B：本当？いつなの？

A：4月だよ。彼女、今そこに家を建ててるんだ。

B：知らなかったわ。

173

2 住まいの賃貸

die Miete, -/-n 家賃

der Mieter, -s/- 借り手

die Mieterin, -/-nen 借り手

der Vermieter, -s/- 家主 / 大家

die Vermieterin, -/-nen 家主 / 大家

der (Miet)vertrag, -(e)s/-verträge （賃貸）契約書

einen (Miet)vertrag schließen （賃貸）契約を結ぶ

einen (Miet)vertrag unterschreiben （賃貸）契約書にサインをする

die Heizung, -/-en 暖房

der Platz, -(e)s/Plätze 場所

die Lage, -/-n 立地条件

die Aussicht, -/-en 眺め

die Fläche, -/-n 床面積 / フロア

mieten 借りる

vermieten 貸す

kosten （金額が）かかる

- Euro/- Yen kosten ～ユーロ / ～円である

liegen ( では *(s)*) （建物が）ある / 位置する

kündigen 解約を通知する

einen (Miet)vertrag kündigen （賃貸）契約の解約を通知する

die Wohnung kündigen マンションの解約を通知する

mit et³ 物³ 付き

ohne et⁴ 物⁴ なし

möbliert sein 家具つきの

174

● 不動産会社で

A: Wie ist die Lage?

B: Die Wohnung liegt nicht zentral, aber die Lage ist sehr praktisch.

A: Und ist es nicht laut?

B: Nein, sehr ruhig und schön.

A：立地はどうですか？

B：街の中心部ではありませんが、立地はとても便利です。

A：うるさくはないですか？

B：大丈夫です、とても静かで感じのよいところですよ。

175

● 不動産会社で

A : Wie viel kostet die Miete?

B : 300 Euro pro Monat.

A : Gut. Wann kann ich den Vertrag unterschreiben?

B : Sofort.

A：家賃はおいくらですか？

B：月 300 ユーロです。

A：わかりました。いつ契約書にサインできますか？

B：すぐにでも。

176

● 不動産会社で

A : Ich möchte meine Wohnung kündigen.

B : Ja, okay, und wann haben Sie vor, aus der Wohnung auszuziehen?

A : Am 30. Mai.

B : Einen Moment, bitte ... Ja, das ist in Ordnung.

A：部屋を解約したいんですが。

B：了解しました。いつ退居する予定ですか？

A：5 月 30 日です。

B：少々お待ちください…。はい、大丈夫です。

> vor|haben zu 不定詞
> 　～の予定である
> in Ordnung sein
> 　問題ない

177

● 家に関する形容詞

groß	大きい / 広い
klein	小さい / 狭い
niedrig	低い
eng	狭い
lang	長い
kurz	短い
breit	幅が広い
schmal	幅が狭い
leer	何もない / 空いている
hell	明るい
dunkel	暗い
teuer	（値段が）高い
billig	（値段が）安い
alt	古い
neu	新しい
modern	（様式や設備が）新しい
schön	きれい
nett	感じがいい
gemütlich	心地よい
bequem	居心地がよい
praktisch	便利な
schlecht	悪い
ruhig	静かな
laut	うるさい / 騒がしい
zentral	（街の）中心部の
günstig	（家賃が）安い / 利便性がよい

178

3 部屋・浴室

das Zimmer, -s/-	部屋	die Badewanne, -/-n	バスタブ
der Raum, -es/Räume	部屋 / 空間	**das Waschbecken**, -s/-	洗面台
das Schlafzimmer	寝室	**das Handtuch**, -(e)s/-tücher	タオル
das Wohnzimmer	リビング	**die Toilette**, -/-n	トイレ
die Stube, -/-n	リビング ✚	auf die Toilette gehen	トイレに行く
das Kinderzimmer	子供部屋	**das WC**, -s/-(s)	トイレ
das Arbeitszimmer	仕事部屋 / 書斎	**der Flur**, -(e)s/-e	廊下 / 玄関ホール
das Esszimmer	ダイニング	der Gang, -(e)s/Gänge	通路 / 廊下
die Küche, -/-n	台所	**die Wand**, -/Wände	壁
das Bad, -(e)s/Bäder	風呂 / 浴室	**der Boden**, -s/Böden	床
das Badezimmer	浴室	die Decke, -/-n	天井
die Dusche, -/-n	シャワー		

179

● 友人との会話

A: Wie sieht deine Wohnung aus?

B: Also, die hat eine große Küche, ein Bad, eine Toilette, ein kleines Arbeitszimmer und einen langen Flur.

A: Das ist schön.

A：君のマンションはどんな間取り？

B：うん、大きな台所、浴室、トイレ、小さな仕事部屋、それと長い廊下があるんだ。

A：それはいいね。

180

● 訪問先で

A: Entschuldigung, kann ich auf die Toilette gehen?

B: Ja, bitte schön. Das Bad ist hier.

A: Danke schön.

A：すみません、トイレを貸してもらえますか？

B：ええ、どうぞ。バスルームはここです。

A：ありがとうございます。

Bad と Toilette

ドイツ語圏の家庭のバスルームには、水周りのものがまとまっていて、バスタブ、シャワー、洗面台、トイレ、洗濯機などがすべて１部屋に収まっていることがしばしばあります。そのため、お風呂に入るとき、バスタブの中でしか水は使えません。水が外に飛ばないように、シャワーカーテンを使います。そのような事情からトイレを表す際に Toilette の代わりに、Bad や Badezimmer を使うこともよくあります。

181

4 ドア・窓

die Tür, -/-en	ドア	**klopfen**	ノックする
der Eingang, -(e)s/-gänge	入口	an die Tür klopfen	ドアをノックする
der Ausgang, -(e)s/-gänge	出口	klingeln	ベルを鳴らす
die Haustür	玄関		
das Tor, -(e)s/-e	門	**auf**	開いている
das Fenster, -s/-	窓	auf|gehen *(s)*	開く
die Klingel, -/-n	ベル	**offen**	開いている
der Schlüssel, -s/-	鍵	offen sein	開いている
		zu	閉まっている
öffnen	開ける	zu|gehen *(s)*	閉まる
auf|machen	開ける	**geschlossen sein**	閉まっている
zu|machen	閉める	**automatisch**	自動的に
schließen	閉める		

182

● 姉弟の会話

A : Hast du den Schlüssel?

B : Nein, ich dachte, du hast den Schlüssel.

A : Nein. Ist Mama zu Hause?

B : Ich hoffe. Hast du schon geklingelt?

A : Ja, schon.

> Ich hoffe.　そうだとよいけれど

A : 鍵持ってる？

B : ううん。お姉ちゃんが、持っていると思っていた。

A : 持ってないよ。ママ家にいるかな？

B：いるといいけど。ベル鳴らした？

A：うん、鳴らしたよ。

183 ● **子供の会話**

A: Soll ich die Tür zumachen?

B: Nein, sie geht automatisch zu.

A: Toll!

A：ドア閉めようか？

B：ううん。自動で閉まるよ。

A：へえ、すごいねえ。

ドアのノックについて

ドイツ語圏では、部屋に入るときは必ずノックをします。ドアをノックすると、こんな返事が返ってきます。

Herein! Ja! Kommen Sie (bitte) rein! Kommen Sie (bitte)!

ただし、トイレの場合はノックをせずにそっとドアを開けます。中の人が心配な場合や、早く出てきて欲しいときに、トイレのドアをノックします。

184

5 階段・エレベーター

die Treppe, -/-n	階段
die Stiege -/-n	階段
die Stufe, -/-n	階段
der Lift, -(e)s/-e	エレベーター
der Aufzug, -(e)s/-züge	エレベーター
der Stock, -(e)s/Stöcke	階
im ersten Stock	2 階に
die Etage, -/-n	階
das Erdgeschoss, -es/-e	1 階
das Parterre, -s/-s	1 階
der Keller, -s/-	地下

hinauf|gehen *(s)*	上る
hinunter|gehen *(s)*	下る
hoch	高い
tief	低い

185

● 友人との会話

A : Gibt es hier keinen Lift?

B : Leider nein. Komm, steigen wir die Treppe hinauf.

A : Wie hoch denn?

B : Bis zum dritten Stock.

A : Oje.

> denn　文意を強める心態詞

A：ここにはエレベーターはないの？

B：残念ながらないわ。さあ、階段を上りましょう。

A：いったい何階まで？

B：4階までよ。

A：やれやれ。

186

● 集合住宅の入り口で

A : Entschuldigung, ich suche die Wohnung von Herrn Wagner.

B : Herr Wagner ist in der vierten Etage. Fahren Sie mit dem Lift hier hoch.

A : Danke.

A：すみません、ヴァーグナーさんのお宅を探しているんですが。

B：ヴァーグナーさんなら5階です。そこのエレベーターで上がってください。

A：ありがとうございます。

◉ ドイツ語の階の表示

ドイツ語の階の表示には注意が必要です。1階を Erdgeschoss、2階を erster Stock と言います。erster Stock は文字通り訳せば1階ですが、ドイツ語では2階を指します。同様に3階は zweiter Stock、4階は dritter Stock となります。zweiter Stock と聞いて、「まあ、2階なら階段ですぐだろう」と上ってゆくと、実はもう一階上らなければならないなどということになりますのでご注意を。

187

6 家の外回り

das Dach, -(e)s/Dächer 屋根
der Balkon, -(e)s/-e バルコニー
die Terrasse, -/-n テラス
auf der Terrasse テラスで
der Hof, -(e)s/Höfe 中庭
der Garten, -s/Gärten 庭
im Garten 庭で
in den Garten gehen 庭に出る / 行く
die Garage, -/-n ガレージ
der Briefkasten, -s/-kästen 郵便受け / 郵便ポスト
der Postkasten, -s/-kästen 郵便受け / 郵便ポスト

188

● 学生寮での会話

A: Was gibt es heute im Hof?
B: Es gibt eine Party. Kommst du mit?
A: Ja, gerne.

A：今日は中庭で何があるの？
B：パーティだよ。一緒に行く？
A：いいね。

189

● 家族の会話

A: Es ist schön heute. Wollen wir auf der Terrasse Kaffee trinken?
B: Besser im Garten.
A: Gut, dann gehen wir in den Garten.

A：今日はいいお天気だよ。テラスでコーヒーを飲もうよ。
B：庭のほうがいいね。
A：よし、じゃあ庭に行こう。

besser gut の比較級

◉ Gartenkultur

ドイツ語圏では冬が厳しいせいか、暖かくなってくると庭や中庭、テラスなど戸外で過ごすことを好みます。日差しを浴び、外の空気に触れてゆったりと時間を過ごします。都会のアパートの小さなテラスでも、テーブルと椅子を出して食事をしたり、読書をします。レストランやカフェ、居酒屋でも、屋外に席が出る季節は、外の席のほうが人気です。暖かい季節にヨーロッパへ行ったら、この Gartenkultur を楽しんでください。

190

7 家具調度品

das Möbel, -s/-（通常複数形）	家具	**das Bild**, -(e)s/-er	絵
der Tisch, -(e)s/-e	テーブル	**der Spiegel**, -s/-	鏡
der Stuhl, -(e)s/Stühle	椅子	**die Uhr**, -/-en	時計
der Sessel, -s/-	一人掛けソファー		
das Sofa, -s/-s	ソファー	ein|richten	調度品を整える
der Teppich, -(e)s/-e	カーペット	**hängen**	掛ける / 掛かっている
das Regal, -(e)s/-e	棚	an die Wand hängen	壁に掛ける
der Schrank, -(e)s/Schränke	戸棚 / クローゼット	an der Wand hängen	壁に掛かっている
das Bett, -(e)s/-en	ベッド	**möbliert sein**	家具つき
das Kissen, -s/-	クッション / 枕		

191

● 不動産会社で

A: Ist die Wohnung möbliert?

B: Ja, im Schlafzimmer haben Sie ein Bett, einen Tisch und zwei Stühle.

A: Was gibt es im Wohnzimmer?

B: Da gibt es ein Sofa und einen Tisch.

A: Ah, die Wohnung müssen wir noch etwas einrichten.

A：部屋は家具つきですか？

B：はい、寝室にはベッドとテーブルと椅子が 2 脚あります。

A：リビングには何がついていますか？

B：ソファーとテーブルがついています。

A：じゃあもう少し家具をそろえなければならないですね。

192

● 夫婦の会話

A: Was brauchen wir noch?

B: Wir brauchen noch eine Uhr und ein Regal.

A: Gut.

A：ほかに何が要るんだったかな？

B：あとは、時計と棚ね。

A：よし。

193

● 友人との会話

A: Wohin soll ich das Bild hängen?

B: Dort an die Wand über dem Spiegel, bitte.

A: Alles klar!

A：この絵、どこに掛ければいい？

B：あそこの鏡の上の壁にお願い。

A：了解。

194

8 電化製品

der Herd, -(e)s/-e コンロ

der Gasherd ガスコンロ

der Elektroherd 電気コンロ

der (Back)ofen, -s/-öfen オーブン

die Kaffeemaschine, -/-n コーヒーメーカー

die Mikrowelle, -/-n 電子レンジ

der Kühlschrank, -(e)s/-schränke 冷蔵庫

der Fernseher, -s/- テレビ

das Radio, -s/-s ラジオ

der CD-Spieler, -s/- CD プレーヤー

der DVD-Spieler, -s/- DVD プレーヤー

das Licht, -(e)s/-er 明かり / 光

die Lampe, -/-n 照明器具

die Glühlampe 電球

die Batterie, -/-n 電池 / バッテリー

reparieren 修理する

funktionieren 機能する

kaputt sein 壊れている

195

● 友人との会話

A : Wo ist der Fernseher?

B : Der Fernseher ist im Wohnzimmer neben dem CD-Spieler.

A : Ach so, hier.

A：テレビはどこ？

B：テレビはリビングにあるよ。CD プレーヤーの隣。

A：あっそう、ここね。

196

● 不動産会社で

A : Was gibt es in der Küche?

B : In der Küche gibt es einen Gasherd mit Backofen und einen Kühlschrank.

A : Gibt es eine Mikrowelle?

B : Leider nicht.

A：台所には何がありますか？

B：台所にはオーブンつきのガスコンロと冷蔵庫があります。

A：電子レンジはありますか？

B：残念ですが、ありません。

197

● 家族の会話

A : Mach bitte das Licht an.

B : Moment mal, das funktioniert nicht.

A : Oje, das ist kaputt. Wir müssen es schnell reparieren.

B : Ja, bald wird es dunkel.

A：電気をつけてちょうだい。

B：ちょっと待って、つかないよ。

A：あらまあ、壊れているわ。急いで修理しなくちゃ。

B：そうだね、もうすぐ暗くなっちゃう。

198

9 水道・ガス・電気

das Wasser, -s/-（単数で） 水 / お湯
das Leitungswasser, -s/（単数のみ） 水道水
das Trinkwasser, -s/（単数のみ） 飲み水
das Spülbecken, -s/- （台所の）流し / シンク
die Leitung, -/-en （電話・電気の）線 /（水道などの）配管
die Heizung, -/-en 暖房
der Ofen, -s/Öfen ストーブ
die Klimaanlage, -/-n エアコン
das Gas, -es/-e ガス
das Öl, -(e)s/-e 石油 / オイル
das Holz, -es/Hölzer（単数で） 薪
der Strom, -(e)s/Ströme（単数で） 電気
die Elektrizität, -/（単数のみ） 電気

die Steckdose, -/-n コンセント
der Stecker, -s/- プラグ / ソケット
der Schalter, -s/- スイッチ
der Knopf, -(e)s/Knöpfe （スイッチの）ボタン

heizen 暖房する
drücken 押す / スイッチを入れる
an|machen スイッチを入れる
ein|schalten スイッチを入れる
brennen （ストーブが）燃焼する / 明かりが灯る
aus|machen スイッチを切る
aus|schalten スイッチを切る

an sein オンの
aus sein オフの
elektrisch 電気の

199

● ホテルでの会話

A : Ist das Trinkwasser?
B : Nein, das Leitungswasser kann man nicht trinken.
A : Ach so. Dann kaufe ich mir ein Mineralwasser.

A : これは、飲み水なの？
B : だめよ。水道水は飲めないの。
A : あっそう。じゃあミネラルウォーターを買ってくるよ。

200

● **友人宅での会話**

A: Machen wir die Heizung an?

B: Ja, es ist etwas kühl. Dann hole ich schnell mal Holz.

A: Was? Holz?

B: Ja, diesen Ofen heizt man mit Holz.

A: Deswegen hat der Ofen keinen Schalter ...

A：暖房つける？

B：そうね、ちょっと寒いね。それじゃあちょっと薪を取ってくる。

A：え？薪？

B：そうよ、このストーブは薪が燃料なの。

A：だからスイッチがないのか…。

201

10 家事

der Haushalt, -(e)s/-e　家事

den Haushalt machen　家事をする

das Geschirr, -(e)s/-e（単数で）　食器

das Geschirr spülen / abwaschen　食器を洗う / しっかり洗う

die Wäsche, -/-n　洗濯物

die Wäsche waschen　洗濯物を洗う

die Waschmaschine, -/-n　洗濯機

der Abfall, -s/-fälle　ごみ

den Abfall wegwerfen　ごみを捨てる

der Müll, -(e)s/（単数のみ）　ごみ

der (Müll)eimer, -(s)/-　ゴミ箱 / バケツ

der Mistkübel, -s/-　ゴミ箱

der Abfallkübel, -s/-　ゴミ箱

Ordnung machen　片付ける / きちんとする

kochen　料理する

spülen　水で洗う / すすぐ

ab|waschen　洗ってきれいにする

auf|räumen　掃除する / 片付ける

putzen　掃除する

wischen　（雑巾などで）拭く

waschen　洗う

weg|werfen　捨てる

sauber　きれいな / 清潔な

sauber machen　きれいにする

schmutzig sein　汚れている

nass sein　ぬれている

202

● 夫婦の会話

A : Ich habe gekocht. Jetzt spülst du das Geschirr.

B : Ich? Ich wasche lieber die Wäsche.

A : Gut, dann wäschst du die Wäsche und bringst du den Müll hinaus.

B : Okay, das schaffe ich.

> lieber　gern の比較級
> das　前文の「洗濯をすることと、ゴミ出しをすること」を受ける
> schaffen　やりとげる

A：僕が、料理を作ったから、今度は君が食器を洗ってね。

B：私が？私は洗濯物を洗うほうがいいわ。

A：わかった。じゃあ洗濯物を洗って、それからごみも出しておいてね。

B：いいわ、そのくらいならできるわ。

203

● 夫婦の会話

A : Das Zimmer ist so schmutzig. Wir müssen putzen.

B : Zuerst müssen wir aber Ordnung machen. So können wir nicht einmal putzen.

A : Du hast recht ...

> aber　意に反してもやらなくてはという意味の心態詞

A：この部屋、なんて汚いの。掃除しないといけないわね。

B：まずは、片付けをしなくっちゃ。このままじゃ掃除もできないよ。

A：その通りね…。

日常の移動

204

1 外出

場所 sein 場所にいる

war
いた / 行ったことがある（sein の過去形）

an|kommen *(s)* 到着する

in 場所 ankommen 場所に到着する

da sein その場所にいる

gehen *(s)* 行く

gehen 不定詞 ～しに行く

fahren *(s)* （乗り物を使って）行く

laufen *(s)* 走る / 歩いて行く

kommen *(s)* 来る / 行く

brauchen （時間を）要する

zurück 帰って / 戻って

wieder 再び

zu Fuß 徒歩で

zu Fuß gehen 歩いて行く

zu Fuß kommen 歩いて行く / 来る

zu Hause (sein) 家に（いる）

nach Hause gehen / fahren
家へ帰る

205
● 学生の会話

A : Wie sieht's denn heute aus? Gehen wir was trinken?

B : Nein, ich kann leider nicht. Ich muss am Abend zu Hause sein, weil meine Freundin zu mir kommt.

A : Schade. Na ja, dann ein anderes Mal.

A：今日はどう？飲みに行かない？

B：いや、悪いけど行けない。彼女がうちに来るから、夕方は家にいないといけないんだ。

A：残念ね。まあ、じゃあ今度ね。

wie sieht's (sieht es) aus
（都合は）どうか
was=etwas

206
● 大学での友人との会話

A : Wann kommst du zurück? Du hast ja gesagt, du möchtest kurz mit mir sprechen.

B : Ich bin in einer halben Stunde wieder da.

A : In einer halben Stunde erst?
Ich muss schon bald nach Hause.

A：いつ戻ってくる？
僕と少し話したいと言っていたよね。

B：30 分後にはまた戻ってくるよ。

A：30 分後にやっと？もうすぐ帰宅しないといけないんだけど。

in einer halben Stunde
30 分後に
nach Hause müssen
話法の助動詞＋方向を表す前置詞で、gehen, fahren などの動詞が省略されることがある

207
● 親子の会話

A : Ist Vater schon weggefahren?

B : Ja, er ist schon weg. Heute ist er aber zu Fuß gegangen.

A : Zu Fuß!? Dann braucht er mindestens eine Stunde bis zu seinem Büro.

B : Er wollte ein bisschen laufen.

A：お父さん、もう出かけた？

B：もう行ったわよ。でも今日は歩いて行ったのだけどね。

A：歩いてだって？　オフィスまで少なくとも一時間はかかるよ。

B：お父さん、少し歩きたかったんだって。

208

2 道の尋ね方（1）

fragen 尋ねる

gehen *(s)* 行く / 向かう

kommen *(s)* 行く / 来る

wissen 知っている

ab|biegen *(s)* 曲がる

an der Ampel abbiegen 信号で曲がる

von hier sein
ここに住んでいる / ここ出身である

nicht von hier sein
ここには住んでいない / ここ出身ではない

geradeaus まっすぐ

links 左に

rechts 右に

weit 遠い

nah(e) 近い

nahe dem Bahnhof 駅の近くに

nächst 次の / 最も近い

die nächste Straße 次の通り

am besten 一番いい （gut の最上級）

am schnellsten
一番速い （schnell の最上級）

nach 地名 地名へ

zu 場所^3 / j^3 場所^3/ 人^{3}へ

über 場所^4/ 地名^4
場所^4/ 地名^4 を経由して / 通って

über die Kreuzung 交差点を越えて

wo どこ

wohin どこへ

wie lang(e)
どのくらい（の距離・長さ・期間）

wie weit どのくらい（の距離）

209

● 路上で

A: Entschuldigen Sie, wissen Sie vielleicht, wo der Bahnhof ist?

B: Tut mir leid, aber ich bin nicht von hier.

A: Ach so ...

A：すみません、駅がどこかご存知でしょうか？

B：悪いんですが、地元の者じゃないんです。

A：あ、そうなんですか…

210 ● **友人との会話**

A : Wie kommt man am schnellsten von hier zur Post?

B : Am schnellsten kommst du hin, wenn du erst über die Kreuzung und dann links in die nächste Straße gehst.

A : Wie lange braucht man?

B : Etwa 10 Minuten.

A：ここから郵便局まで、どうやって行くのが一番はやいかな？

B：まず交差点を通ってそれから次の通りを左に行けば一番はやいよ。

A：どのくらいかかる？

B：10 分くらいかな。

211 ● **路上で**

A : Entschuldigung, wie komme ich zur Uni?

B : Am besten gehen Sie geradeaus und an der dritten Ampel biegen Sie rechts ab.

A：すみませんが、大学へはどうやって行ったらいいですか？

B：まっすぐ行って、3 番目の信号を右に曲がるのが、一番いいですよ。

212

3 道の尋ね方（2）

das Rathaus, -(es)/-häuser　市庁舎 / 市役所

die Kirche, -/-n　教会

die Landkarte, -/-n　地図

die Karte, -/-n　地図

der Stadtplan, -(e)s/-pläne　市内地図

die Richtung, -/-en　方向

der Weg, -es/-e　道

suchen　さがす

zeigen　示す / 見せる

liegen((*s*))　位置する

in et^3 / bei et^3 liegen　～^{3} にある / 位置する

fragen　質問する / 尋ねる

j^4 nach et^3 / j^3 fragen　人^4 に物^3/ 人^3 のことを尋ねる

nach dem Weg fragen　道を尋ねる

fremd sein　馴染みのない

falsch　間違いの / 誤った

213

● 観光案内所で

A: Guten Tag, haben Sie hier einen Stadtplan?

B: Ja, bitte.

A: Ich suche jetzt das Freud Museum.

B: Das Freud Museum ist in der Berggasse 19.
Moment, ich zeige es Ihnen .... Hier!

A: Danke schön!

> Moment. (= Einen Moment.)
> ちょっと待って。

A：すみませんが、市内地図はありますか？

B：どうぞ。

A：今、フロイト博物館を探しているんです。

B：フロイト博物館はベルク通り 19 番地です。ちょっとお待ちください。お教えしますね…。ここです。

A：ありがとうございます。

214

● 路上で

A: Entschuldigen Sie, ich möchte in die Stadtmitte. In welche Richtung soll ich fahren?

B: Zeigen Sie mir die Karte. Also das ist das Zentrum.

A: Wie weit ist das?

B: Ungefähr zwei Kilometer.

A: Vielen Dank.

A：すみません、街中へ行きたいんですが、どの方向へ行ったらいいですか？

B：地図を見せてください。えっと、ここが町の中心です。

A：距離はどのくらいですか？

B：約 2 キロです。

A：ありがとうございます。

215

4 乗り物（1）

der Bus, -ses/-se	バス
der Zug, -(e)s/Züge	列車
die Linie, -/-n	（路）線
mit der Yamanote-Linie	山手線で
in die Tokaido-Linie umsteigen	東海道線に乗り換える
der Bahnhof, -(e)s/ -höfe	駅
fahren *(s)*	（乗り物が）走る / （乗り物で）行く
mit et³ fahren	物³で行く
mit j³ fahren	人³と行く
fliegen *(s)*	（飛行機で）行く
ein|steigen *(s)*	乗る
in et⁴ einsteigen	物⁴に乗り込む
aus|steigen *(s)*	（乗り物から）降りる
aus et³ aussteigen	物³から降りる
um|steigen *(s)*	乗り換える
aus et³/ in et⁴ umsteigen	物³から / 物⁴に乗り換える
bis	〜まで
direkt	直行で

216

● 日本人とドイツ人観光客の会話

A: Wie komme ich am besten zum „Edo-Tokio Museum“?

B: Zum „Edo-Tokio Museum“? Da nehmen Sie in Yokohama die Tokaido-Linie und fahren bis Tokio. Dort steigen Sie in die Yamanote-Linie um und fahren zwei Stationen in Richtung Ikebukuro bis Akihabara. In Akihabara müssen Sie wieder umsteigen, und zwar in die Sobu-Linie. Mit der Sobu-Linie fahren Sie noch zwei Stationen bis Ryogoku und dort steigen Sie dann aus.

A: Hmm ...

und zwar　すなわち

A：江戸東京博物館へはどうやって行ったらいいですか？

B：江戸東京博物館ですか？でしたら横浜で東海道線に乗って東京まで行ってください。そこで山手線に乗り換え、池袋方向に二駅先の秋葉原まで行ってください。秋葉原で再び、乗り換えなければなりません。総武線にです。総武線で両国までもう二駅行って、そこで降りてください。

A：う一ん…。

217

● 路上で

A : Kann ich nicht mit dem Bus zum Flughafen fahren?

B : Doch, aber mit dem Zug kommen Sie schneller dorthin. Sehen Sie dort den Bahnhof? Von dort fährt alle 15 Minuten ein Zug direkt zum Flughafen.

A : Danke schön!

> dorthin　そこへ / あちらへ
> alle　基数詞　Minuten　〜分毎に

A：空港にはバスでは行けないんですか？

B：行けますけど、電車のほうがはやく着きますよ。
あちらに駅が見えますよね。そこから 15 分おきに空港直行の電車が出ていますよ。

A：ありがとうございます。

◉ 切符事情

ドイツ語圏では基本的に駅や地下鉄に改札口はなく、車内で車掌が検札にくるので、自分の切符を提示してください。長距離を走る列車では、車掌が交代する度に検札がおこなわれます。地下鉄、バス、市電、近郊列車は共通切符になっていて自由に乗り換えることができます。ときどき抜き打ちで検札があり、その際に有効な切符を持っていないと罰金を支払うことになるので注意してください。

切符には一回券、一日券（Tageskarte, 24 Stundenkarte など）、一週間券(Wochenkarte)、一か月定期券（Monatskarte）、一年定期券（Jahreskarte）などがあります。ただし、町によって切符の呼び方や、有効時間（期間）が違うことがあります。また、大都市では市街地がゾーンに分かれていることが多く、有効範囲によって料金が異なります。バスや市電の車内で直接買えるところもありますが、前売りよりも料金が高く設定されているので、あらかじめ駅や売店で購入しておいたほうが良いでしょう。バスや市電の車内、地下鉄のホームに降りる手前に、切符を使い始める日時時刻を打刻する器械が設置されています。「打刻してください（Bitte entwerten）」と書かれている切符を持っている場合は、その器械で切符に打刻します。

218

5 乗り物 (2)

das Verkehrsmittel, -s/- 交通機関

mit öffentlichen Verkehrsmitteln 公共交通機関で

der Flughafen, -s/-häfen 空港

der Hafen, -s/Häfen 港

die Haltestelle, -/-n 停留所

nehmen （交通機関等を）利用する

ab|fahren *(s)* 出発する

in 場所[3] abfahren 場所[3]を出発する

nach 地名 abfahren 地名へ出発する

entwerten （切符に）パンチを入れる

öffentlich 公共の

219

● 乗り物

das Auto, -s/-s 車

das Motorrad, -(e)s/-räder バイク

das Fahrrad, -(e)s/-räder 自転車

das Velo, -s/-s 自転車

das Rad, -(e)s/Räder 自転車

Rad fahren 自転車に乗る

der Zug, -(e)s/Züge 列車

die Bahn, -/-en 鉄道

die Straßenbahn 路面電車

die Tram, -/-s 路面電車

die S-Bahn 近郊列車

die U-Bahn 地下鉄

der Bus, -ses/-se バス

das Taxi, -s/-s タクシー

das Flugzeug, -(e)s/-e 飛行機

das Schiff, -(e)s/-e 船

die Fähre, -/-n フェリー / 渡し船

das Boot, -(e)s/-e ボート

220

● 日本人学生とドイツ人留学生の会話

A: Du fährst nächste Woche nach Hokkaido, nicht wahr? Wie fährst du denn?

B: Ich fahre mit dem Motorrad bis nach Aomori, und dort nehme ich die Fähre. Kommst du mit?

A: Na ja, nach Hokkaido möchte ich lieber fliegen ...

A：来週、北海道に出発するんだよね。どうやって行くの？

B：青森までバイクで行って、そこでフェリーに乗るの。一緒に来る？

A：うーん、そうだな、自分としては北海道には飛行機で行きたいよな…。

● ウィーンでの友人との会話

A: Morgen fahren wir mit dem Fahrrad zum Prater. Komm doch auch mit!
B: Aber ich kann leider nicht Rad fahren ...
A: Dann komm einfach mit öffentlichen Verkehrsmitteln! Mit der Straßenbahn oder mit der U-Bahn.

> A：僕たち、明日、自転車でプラーター（ウィーンにある大きな公園）に行くんだ。君もおいでよ！
> B：でも、残念だけど自転車に乗れないからなあ…。
> A：だったら公共交通機関で来いよ！
> 　　市電とか地下鉄とかで。

> denn　文意を強める心態詞
> einfach 「公共交通機関を利用してくれば問題ない」という意味の心態詞

6　車

das Auto, -s/-s	車	**der/das Liter**, -s/-	リットル
Auto fahren	車を運転する	**das Benzin**, -s/（単数のみ）	ガソリン
der Wagen, -s/- (🇦 Wägen)	車	**der Parkplatz**, -(e)s/-plätze	駐車場
der Leihwagen	レンタカー	die Tankstelle, -/-n	ガソリンスタンド
der Mietwagen	レンタカー		
der Lastwagen, -s/-	トラック	tanken	ガソリンを入れる
der Lkw / LKW, -(s)/-s	トラック（Lastkraftwagen の略）	voll tanken	満タンにする
der Camion, -s/-s	トラック 🇨🇭	**mieten**	借りる
der Pkw / PKW, -s/-s	自家用車（Personenkraftwagen の略）	**transportieren**	輸送する
der PW	自家用車 🇨🇭		

男性形	女性形	
der Fahrer, -s/-	die Fahrerin, -/-nen	運転手
der Chauffeur, -s/-e	die Chauffeurin, -/-nen	運転手 🇦 🇨🇭

223 ● 友人との会話

A : Wie fahrt ihr morgen nach München? Mit dem Zug?

B : Nein, wir fahren mit dem Auto. Wir suchen jetzt noch einen Fahrer ...

A : Dann komme ich mit! Ich habe den Führerschein.

A：明日はどうやってミュンヘンへ行くの？　電車？

B：いや、車で行くんだけど。まだ一人運転手を探しているんだ。

A：じゃあ、私が一緒に行く。免許持っているもの。

224 ● 車中での家族の会話

A : Warum hast du plötzlich gehalten?

B : Weil ich da eine Tankstelle gesehen habe.

A : Ist das Benzin schon aus?

plötzlich　突然

A：何で急に止まったの？

B：そこにガソリンスタンドを見かけたから。

A：ガソリン、もうないの？

◉ mit dem Auto fahren と Auto fahren

Ich fahre mit dem Auto. という文は、前置詞 mit が交通手段を表すことから、自分で運転しても他人の車に同乗してもよく、単に「車で行く」という意味で使われます。また、この場合の fahren は自動詞で、完了形には sein が用いられます。それに対して、Auto fahren「運転する」の fahren は haben 支配の他動詞です。

◉ ガソリンスタンド事情

ドイツ語圏のガソリンスタンドは、ほとんどがセルフサービスです。Normal（レギュラー）、Super（ハイオク）、Diesel（軽油）を確認し、自分で給油してから店内で精算します。ガソリンスタンドには喫茶コーナーや売店が併設されているところが多く、ほとんどの店が閉まる休日も営業しているため、コンビニ感覚で使うことができます。ただし、ガソリンスタンドでは、普通の店と比べて割高です。

225

7 道路

die Straße, -/-n	道路 / 街道
die Hauptstraße	幹線道路 / 本通り
die Nebenstraße	裏通り / わき道
die Autobahn, -/-en	アウトバーン
auf der Autobahn	アウトバーンで
die Ausfahrt, -/-en	（車両用）出口
die Abfahrt, -/-en	（車両用）出口
die Einfahrt, -/-en	（車両用）進入口
die Ampel, -/-n	信号
die Ecke, -/-n	角 / 端
das Eck, -s/-e	角 / 端
die Brücke, -/-n	橋
der Stau, -s/-s	渋滞
im Stau stehen	渋滞している
die Kreuzung, -/-en	交差点
der Fußgänger, -s/-	歩行者
die Fußgängerzone, -/-n	歩行者専用ゾーン / 歩行者天国
der Bürgersteig, -(e)s/-e	歩道
der Gehsteig, -(e)s/-e	歩道
das Trottoir, -s/-e,-s	歩道
Stopp!	止まれ！
Halt!	止まれ！

226

● 車中での友人との会話

A: Wieso sind hier so viele Fußgänger?

B: Halt! Hier ist eine Fußgängerzone.

A: Komisch ... Vor einem Monat konnte ich hier noch durchfahren.

A：何でこんなにたくさん歩行者がいるんだろう？

B：止まって！　ここ、歩行者専用よ。

A：変だな…。１か月前はここまだ通り抜けできたのに。

> durch|fahren　乗り物で通り抜ける

227

● 車中での家族の会話

A: Fahren wir lieber auf der Nebenstraße. Auf der Hauptstraße kann man wegen Staus nicht schnell fahren.

B: Auf der Autobahn ist aber weniger Verkehr.

A: Dann müssen wir an der nächsten Kreuzung links abbiegen.

A：裏道を走ったほうがいいんじゃないかな。本通りは渋滞で速く走れないからね。

B：でも、アウトバーンだったらもっと車が少ないわよ。

A：じゃあ、次の交差点を左に曲がらなくちゃ。

> wegen　理由を表す２格支配の前置詞
> aber　文意を強める心態詞
> weniger　wenig の比較級

228

● オーストリア人と日本人の会話

A : Ist es wahr, dass ihr in Japan wie in England auf der falschen Seite fahrt?

B : Meinst du damit, dass wir links fahren?

Dann schon.

A：日本ではイギリスと同じく間違った車線を走っているって本当なの？

B：それって、僕らが左側通行しているって意味？　だったらそうだよ。

> Dann schon. （前文を受けて）そうであるならば、その通りだ

アウトバーン

「アウトバーンは制限速度なし」と思われがちですが、乗用車に関してスイスでは原則 120 キロ、オーストリアでは原則 130 キロの速度制限があります。アウトバーンの「本家」ドイツでも推奨速度は 130 キロで、地形や天候に応じて速度制限を設けている場合があります。ドイツでは無料ですが、スイスやオーストリアでは有料となっており、あらかじめ Vignette と呼ばれるシールを購入してフロントガラスに貼っておかなければなりません。

229

8 交通マナー

die Polizei, -/（単数のみ）	警察
der Führerschein, -(e)s/-e	免許証
der Fahrausweis, -es/-e	免許証
der Führerausweis, -es/-e	免許証
der Unfall, -s/Unfälle	事故
die Kurve, -/-n	カーブ
parken	駐車する
parkieren	駐車する
stoppen	止める / 止まる
halten	止まる
zahlen	支払う
schnell	速い

230

● 警官とドライバーとの会話

A: Polizei. Ihren Führerschein, bitte!

B: Was ist denn los? Habe ich was Falsches gemacht?

A: Hier darf man nicht parken. Etwa 200 Meter nach der Brücke, dort gibt es einen Parkplatz.

A：警察です。免許証をお願いします。

B：いったいどうしたっていうんだろう？
僕、何かいけないことしましたか？

A：ここは駐車禁止です。あそこの橋から200メートルくらい先に駐車場があります。

> Was ist (denn) los?　（いったい）何があったんだろう？
> (et)was ＋形容詞名詞化の中性名詞で「何か～なこと / もの」

231

● ドライバーと警官との会話

A: Entschuldigung, kann man hier nicht parken?

B: Nein, sehen Sie dort den Unfall nach der Kurve?

A: Oh Gott! Zu schnell gefahren?

A：すみませんが、ここは駐車できないんですか？

B：ええ、あそこのカーブを過ぎたあたりの事故が見えるでしょう？

A：なんてこと。スピード出しすぎたんですか？

> zu 形容詞
> あまりにも～すぎる

232

9 車の故障

die Panne, -/-n	故障	die Garage, -/-n	修理工場 ✚
eine Panne haben	故障する		
die Reparatur, -/-en	修理	**gehen / nicht gehen**(*s*)	（機械などが）動く / 動かない
der Mechaniker, -s/-	修理工		
die Mechanikerin, -/-nen	修理工	**reparieren**	修理する
die Werkstatt, -/-stätten	作業場 / 工場	bremsen	ブレーキをかける
aus der Werkstatt holen	工場に取りに行く	kontrollieren	検査する
die Autowerkstatt	車の修理工場	**kaputt sein**	壊れている

233

● 自動車の部品

der Motor, -s/-en	エンジン / モーター	die Bremse, -/-n	ブレーキ
der Reifen, -s/-	タイヤ		

234

● 車中での友人との会話

A : Komisch ... Ich kann nicht mehr gut bremsen.

B : Die Bremse muss kaputt sein.

A : Aber letzte Woche hat sie der Mechaniker repariert.

A：おかしいな…。ブレーキがよくかからない。

B：ブレーキが故障しているに違いないわ。

A：先週、修理してもらったばかりなんだけどな。

nicht mehr
もはや～ではない

235

● 知人との会話

A : Ich habe heute mein Auto aus der Werkstatt geholt.

B : Was war denn los?

A : Der Motor ging nicht mehr.
Die Reparatur hat aber viel gekostet.

A：今日、車を修理工場に取りに行ってきました。

B：いったい何があったんですか？

A：エンジンがかからなくなっていて。修理代がかなりかかりましたよ。

ging
gehen の過去形

日常の移動

ミニ文法

1 場所を表す基本的な前置詞

● 方向（〜へ）

nach ＋地名、nach Hause

nach Tokio, nach Deutschland, nach Korea

女性名詞や男性名詞および複数形の地名は、in ＋定冠詞４格＋地名

女性名詞：in die Schweiz, in die Slowakei, in die Ukraine

男性名詞：in den Iran, in den Irak

複数形：　in die USA, in die Niederlande

zu ＋人^{3}

zu dir, zu meinen Eltern, zu Thomas

zur / zum ＋建物 / 施設

zur Uni Wien, zur Post, zum Bahnhof Tokio, zum Hotel

ans / an den / an die ＋河川 / 海 / 湖沼

ans Meer, an den Wörthersee, an die Donau

auf ＋ 定冠詞４格 ＋ 公共施設など（最近減少傾向にある）

auf den Markt, auf die Bank

その他、３格、４格を取る前置詞は前置詞＋冠詞４格＋名詞となる。

● 場所（〜に、〜で）

in ＋地名

in Osaka, in Deutschland, in China

女性名詞や男性名詞および複数形の地名は、in ＋定冠詞３格＋地名

女性名詞：in der Schweiz, in der Slowakei, in der Ukraine

男性名詞：im Iran, im Irak

複数形：　in den USA, in den Niederlanden

島や島国に対しては auf が用いられることも多い。

auf Kuba, auf Hokkaido

bei ＋人^3

bei mir, bei Ihrem Bruder, bei Anna

am / an der ＋河川 / 海 / 湖沼

am Meer, am Rhein, an der Adria

auf ＋ 定冠詞３格＋公共施設など（最近減少傾向にある）

auf dem Markt, auf der Bank

その他、３格、４格を取る前置詞は前置詞＋冠詞３格＋名詞となる。

2 交通手段を表す mit

乗り物で移動する場合、交通手段を表現する前置詞 mit を用います。その際、動詞は「乗り物を使って」という意味を含んだ fahren が用いられます。

fliegen は元々「飛ぶ」ということですから、それだけで「飛行機で行く」という意味になりますが、機種や航空会社を特定したいのであれば、例えば Ich fliege mit der Lufthansa.（ルフトハンザで行きます）というように、mit ＋３格で表します。

歩いたり走ったりする場合は、laufen を使って言い表せます。「歩いて行く」は、zu Fuß gehen と言います。

「ある目的（地）/ 話し相手に向かって行く」という場合は kommen を使います。kommen は zu Fuß とも mit + 3 格とも使うことができます。

買い物

236

1 市場・スーパーマーケット

der Markt, -(e)s/Märkte 市場
auf dem Markt 市場で
zum Markt / auf den Markt gehen 市場に行く
der Marktplatz, -(e)s/-plätze 中央広場
der Supermarkt スーパーマーケット
das Regal, -s/-e 商品棚 / 棚
die Liste, -/-n リスト 一覧表 / リスト
eine Einkaufsliste machen 買い物リストを作る
das Lebensmittel, -/-（複数で） 食料品

es gibt et^4/j^4 物^{4}がある / 人^{4}がいる
möchte 欲しい
finden 見つける

suchen 探す
nehmen 買う
ein|kaufen 買い物をする
einkaufen gehen 買い物に行く
brauchen 必要である

preiswert 手頃な価格で
teuer 高い
billig 安い
für 金額 ～の金額で
für drei Euro kaufen 3ユーロで買う
à ひとつに付き
zehn Tomaten à 20 Cent 20セントのトマト10個

237
● 市場で

A: Entschuldigung, gibt es hier auch frische Eier?

B: Aber natürlich! Wie viele möchten Sie?

A: Wie viel kostet ein Ei?

B: Ein Stück kostet 10 Cent.

A: Gut, das ist ja billig.
Dann nehme ich zehn Stück, bitte.

A：すみません、こちらに新鮮な卵もありますか？

B：もちろんですよ。いくつお望みですか？

A：ひとつおいくらですか？

B：1 個 10 セントです。

A：そうですか、それは安いですね。では 10 個ください。

> ein Stück　1 個
> ja　驚きを表す心態詞

238
● 夫婦の会話

A: Heute gehe ich zum Supermarkt einkaufen. Kannst du eine Einkaufsliste machen?

B: Ja, klar, danke! Kannst du auch auf den Markt gehen?

A: Ja, das mache ich.

A：今日スーパーへ買い物に行くよ。買い物リストを作ってくれる？

B：ええ、もちろんよ。助かるわ。市場にも行ってくれる？

A：いいよ、そうしよう。

239
● 店員との会話

A: Was möchten Sie?

B: Ja, ich hätte gern Apfelsaft und Orangensaft.

A: Hier bitte.

A：何にいたしましょうか？

B：ええ、リンゴジュースとオレンジジュースをいただきたいんです。

A：はい、どうぞ。

> Ich hätte gern et^4.　物^{4}が欲しい（haben の接続法 II 式、外交話法）

◉ **おつりのもらい方**

ドイツ語圏では週末に開かれる朝市だけでなく、蚤の市やフリーマーケットも盛んです。クリスマス市も有名です。このような市場やレジのないお店では、おつりを暗算してもらいますが、計算方法が日本と少し異なります。3,80 ユーロのものを買うときに 5 ユーロを出した場合、おつりはこちらの手の平に「3,90, 4 und 5 Euro」と返されます。品物の代金におつりを足していき、最後に元の 5 ユーロになればおつりが正しいはず、という考えです。おつりの数え間違いは日常茶飯事ですので、確認しましょう。

240

2 デパート・小売店

der Verkäufer, -(e)s/-	店員
die Verkäuferin, -/-nen	店員
der Kunde, -n/-n	客 / 得意先
die Kundin, -n/-nen	客 / 得意先
das Geschäft, -(e)s/-e	店
das Kleidergeschäft	洋服店
das Lebensmittelgeschäft	食料品店
das Blumengeschäft	花屋
das Kaufhaus, -es/-häuser	デパート
der Laden, -s/Läden	店
die Bäckerei, -/-en	パン屋
die Buchhandlung, -/-en	書店
die Apotheke, -/-n	薬局
der Automat, -en/-en	自動販売機
aus dem Automaten kaufen / holen	自動販売機で買う
gefallen	気に入る
j³ gefallen	人³の気に入る
kriegen	得る / 買う / もらう
ein|packen	包装する
leer	空の / 人のいない（道路・店など）
etwas zum 不定詞の名詞化	～するための何か
etwas zum Lesen	読み物 / 何か読む物
etwas für j⁴	人⁴のためのもの

241

● 専門店で店員と

A : Kann ich Ihnen helfen?

B : Ja, bitte. Ich suche einen dunklen Mantel.

A : Wie gefällt Ihnen dieser?

B : Ach, schöne Farbe! Der gefällt mir sehr gut.

> dieser
> der Mantel の指示代名詞

A : 何かお役に立てることはありますか？

B : ええ、お願いします。暗い色のコートを探しているんです。

A：こちらはいかがでしょうか？

B：ああ、いい色ですね。とても気に入りました。

242

● 友人との会話

A: Mein Sohn hat bald Geburtstag. Daher suche ich etwas für ihn. Er hat schon viele Sachen.

B: Ich schlage vor, ihm etwas zum Lesen zu schenken.

A: Nicht schlecht. Ich kenne eine gute Buchhandlung.

vor|schlagen zu 不定詞 ～を提案する

A：息子がもうすぐ誕生日でね。プレゼントを探しているんだ。もうたくさん物を持っているし。

B：何か読む物をプレゼントするというのはどうかしら。

A：いいね。良い書店なら知っているんだ。

243

● 商店街で

A: Guck mal! Die Straße ist ganz leer.

B: Stimmt. Viele Geschäfte und Cafés sind heute geschlossen.

A: Holen wir etwas zum Trinken aus dem Automaten!

Guck mal! gucken の du に対する命令形

A：見てよ。人通りがないわね。

B：そうだね。多くのお店やカフェが今日は閉まっているからね。

A：何か飲み物でも自動販売機で買いましょうよ！

244

3 注文・返品

die Ware, -/-n 商品 / 物

die Garantie, -/-n 保証 / 保証書

Garantie haben 保証がある

das Sonderangebot, -(e)s/-e セール品

der Preis, -es/-e 値段

Der Preis ist hoch / niedrig. 値段が高い / 低い。

die Tüte, -/-n 紙袋 / ポリ袋 / レジ袋

eine Tüte mitbringen 袋を持参する

der Sackerl, -s/- 紙袋 / ポリ袋 / レジ袋

die Öffnungszeit, -/-en 営業時間

die Öffnungszeiten: von 9 bis 17 Uhr 営業時間：9 時から 17 時

von 9 Uhr morgens bis 5 Uhr abends geöffnet sein 朝 9 時から夕 5 時まで開いている

geschlossen sein 閉まっている

holen	取ってくる / 買ってくる	**bringen**	持ってくる
kaufen	買う	**zurück|geben**	戻す / 返品する
verkaufen	売る	**mögen**	好む
bestellen	（予約）注文する	**reparieren**	修理する
zeigen	示す		
		aus sein	空である / 売り切れている

245

● 洋服店で

A: Ich hätte gern diesen Pulli in Rot.

B: Tut mir leid. Rot ist aus. Die anderen Farben kann ich Ihnen zeigen.

A: Nein, danke. Kann ich dann den roten bestellen?

Pulli = Pullover
in 色　～色

A：このセーターで赤を探しているんですが。

B：申し訳ありません。赤は売り切れています。他の色でしたらお見せできます。

A：いえ、結構です。では、赤いのを取り寄せてもらうことはできますか？

246

● 洋服店で

A: Guten Tag! Ich habe gestern diese Hose im Sonderangebot für meine Tochter gekauft. Aber sie mag diese Hose nicht. Kann ich sie heute noch zurückgeben? Hier ist die Rechnung.

B: Das ist kein Problem.

A: Danke sehr.

doch nicht
やはり～ではない

A：こんにちは。昨日このパンツをセールで娘に買ったんです。でも娘はこのパンツ、気に入らなくて。今日まだ返品できますか？こちらが領収書です。

B：大丈夫ですよ。

A：ありがとうございます。

247

● 電気店で

A: Entschuldigung! Vor einer Woche habe ich hier diesen Computer gekauft, aber der funktioniert nicht mehr. Können Sie ihn bitte reparieren?

B: Ja, natürlich. Hat er Garantie?

A: Ja, er hat ein Jahr Garantie.

A：すみません。一週間前にここでこのコンピューター買ったんですが、もう動かないんです。 修理してもらえますか？

B：ええ、もちろんです。保証はついてますか？

A：はい、一年保証がついています。

248

4 支払い・両替

die Rechnung, -/-en 勘定

das Geld, -(e)s/-er（通常単数形） 金銭 / 通貨

viel / wenig Geld haben 多くの / 僅かなお金を持っている

das Kleingeld, -(e)s/（単数のみ） 小銭 / つり銭

die Karte, -/-n クレジットカード

die Kreditkarte クレジットカード

die Kasse, -/-n レジ / 会計

an der Kasse レジで

das Bargeld, -(e)s/（単数のみ） 現金

kosten 費用がかかる

nichts kosten 無料である

bezahlen 支払う

mit Kreditkarte bezahlen クレジットカードで支払う

zahlen 支払う

aus|geben 出費する

bekommen もらう

haben ある / 持っている

bei sich[3] haben 持ち合わせている

(in) bar bezahlen 現金で支払う

gratis sein 無料で

kostenlos sein 無料で

249

● デパートで

A: Ich habe zu wenig Bargeld bei mir. Kann ich bitte mit Kreditkarte bezahlen?

B: Wir nehmen nur bestimmte Kreditkarten. Welche haben Sie?

A：現金を少ししか持ち合わせていません。クレジットカードで払えますか？

B：特定のクレジットカードのみお受けいたしております。どの種類のカードをお持ちですか？

250 **● スーパーで**

A: Das macht 5,30 Euro.

B: Hier bitte.

A: Ach, ein hundert Euro-Schein? Haben Sie kein Kleingeld?

A：全部で 5 ユーロ 30 です。

B：これでお願いします。

A：100 ユーロ札ですか？細かいお金はありませんか？

251 **● 友人との会話**

A: Heute habe ich viel eingekauft.

B: Wie viel hast du denn ausgegeben?

A: Das sage ich dir nicht, aber diesen Kuli habe ich gratis bekommen.

A：今日はたくさん買い物しちゃったよ。

B：いったいいくら使ったの？

A：それは言わないけど、このボールペンは無料でもらったんだ。

252

5 衣類

die Wäsche, -/-n　衣類 / 下着類 / 布製品

die Mode, -/ -n　流行

die Nummer, -/- n（略 Nr.）（衣服や靴などの）サイズ

die Größe, -/-n（衣服や靴などの）サイズ

das Paar, -(e)s/-e　ペア

an|ziehen　着る

et^4 anziehen　物^{4}を着る

sich^4 anziehen　着る

tragen（服・靴・装身具などを）身に付けている

aus|ziehen　脱ぐ

et^4 ausziehen　物^{4}を脱ぐ

sich^4 ausziehen　脱ぐ

stehen（  では *(s)*）　似合う

j^3 gut stehen　人^{3}によく合う

passen　（サイズなどが）合う

j^3 passen　人^{3}に合う

et^4 anprobieren　～^{4}を試着する

in der Kabine anprobieren　試着室で着てみる

253 ● 主な衣類

die Kleidung, -/-en 衣類
das Kleid, -(e)s/-er 衣服 / ドレス /（複数で）衣類
die Hose, -/-n ズボン
der Rock, -(e)s/Röcke スカート
die/der Jupe, -(e)s/-s スカート ✚
die Bluse, -/-n ブラウス
der Anzug, -(e)s/Anzüge スーツ（男性用）
das Kostüm, -(e)s/-e スーツ（女性用）
das T-Shirt, -s/-s Tシャツ
das Hemd, -(e)s/-en シャツ /Y シャツ
der Pullover, -s/- セーター
die Jeans, -/- ジーンズ
die Strumpfhose, -/-n ストッキング
die Socke, -/-n（通常複数形）ソックス
die Jacke, -/-n ジャケット
der Mantel, -s/Mäntel コート / オーバー
der Hut, -(e)s/Hüte ハット / 帽子
der Schuh, -(e)s/-e（通常複数形） 靴
der Handschuh（通常複数形） 手袋
der Stiefel, -s/-（通常複数形） ブーツ / 長靴

254 ● 服装や身の回り品に使われる形容詞

schön きれいな
hübsch かわいい
nett かわいい
altmodisch 流行遅れの
modern 現代風の / モダンな
schick おしゃれな / 素敵な / シックな
sauber 清潔な
schmutzig 汚い

255 ● 店員との会話

A: Ich trage Größe 36. Kann ich das Kleid in der Kabine anprobieren?
B: Aber natürlich! Kommen Sie mit. Gefällt Ihnen diese neueste Mode?
A: Ja, sehr gut.

A：私のサイズは 36 です。このワンピースを試着室で着てみてもいいですか？
B：もちろんです。一緒にいらしてください。この最新の流行がお気に召しましたか？
A：ええ、とても。

256

● 店での友人との会話

A: Ich kaufe mir diese Jacke. Sie steht mir ganz gut.

B: Hast du sie schon anprobiert?

A: Ja.

A：このジャケットを買うよ。僕によく似合うんだ。

B：もう試着してみた？

A：ああ。

257

● 親子の会話

A: Was hast du überhaupt gemacht? Alles ist sehr schmutzig.

B: Sei nicht böse! Ich habe mit meinen Freunden Fußball gespielt. Ich ziehe die Sachen sofort aus.

A: Tu alles in die Waschmaschine rein!

B: Ja, Mama. Und kaufst du mir bitte ein neues T-Shirt?

A：いったい何してきたの？何もかもすごく汚れているじゃない。

B：怒らないでよ。友達とサッカーしてきたんだ。今すぐ脱ぐから。

A：全部洗濯機に入れてよ。

B：はい、ママ。ところで、新しいＴシャツ買ってくれる？

überhaupt　ここでは非難のニュアンス

258

6 身の回り品

die Sache, -/-n	物
der Schirm, -(e)s/-e	傘
der Regenschirm	雨傘
der Sonnenschirm	日傘
der Knopf, -(e)s/Knöpfe	ボタン
die Uhr, -/-en	時計
die Kette, -/-n	ネックレス
der Ring, -es/-e	指輪
der Ohrring	イヤリング / ピアス
das Armband, -(e)s/-bänder	ブレスレット
der Kalender, -s/-	カレンダー
die Tasche, -/-n	バッグ / 袋
die Handtasche	ハンドバッグ
der Rucksack, -(e)s/-säcke	リュックサック
der Beutel, -s/-	（小さめの）袋
das Portemonee, -s/-s	財布
die Brieftasche, -/-n	財布
der Gürtel, -s/-	ベルト

259 ● 女友達がファッション雑誌を見ながら

A: Diese Kette ist echt schick!

B: Findest du? Ich finde die schöner.

A: Welche? Die bunte?

echt　本当に

A：このネックレス、本当に素敵。

B：そう？私はこちらのほうがずっと素敵だと思うわ。

A：どれ？そのカラフルなもの？

260 ● 友人との会話

A: Morgen mache ich einen Ausflug und brauche noch viele Sachen.

B: Was zum Beispiel?

A: Einen Schirm, einen Rucksack und gute Schuhe. Neue Schuhe muss ich umbedingt kaufen.

A：明日、日帰り旅行に行くんだけど、まだ必要なものがたくさんあるんだ。

B：たとえば何？

A：傘に、リュックに、それからしっかりした靴。新しい靴は絶対買わないと。

エコバッグ

die Tasche という単語が出てきました。エコバッグは die Ökotüte や die Ökotasche と呼ばれています。環境問題に意識の高いドイツ語圏の人々には必須アイテムで、買物の際に常に持ち歩いています。バスケット(der Korb) や手提げ袋(der Sack) を持ち歩く人もいます。ドイツではレジ袋を die Tüte と呼ぶことが多く、ドイツ南部やオーストリアに行くとレジ袋や袋は das Sackerl と呼ばれます。

学校

261

1 施設・関係者

der Kindergarten, -s/-gärten 幼稚園

die Schule, -/-n 学校 / 授業

in die / zur Schule gehen 学校へ行く

die Schule besuchen 学校に通う

in der Schule lernen 学校で学ぶ

die Sprachschule, -/-n 語学学校

der Kurs, -es/-e 講座 / 講習 / コース

am Kurs teilnehmen 講習に参加する / 講座を受講する

der Sprachkurs 語学講座

der Deutschkurs ドイツ語講座

einen Deutschkurs machen / besuchen ドイツ語講座に通う

die Klasse, -/-n クラス / 教室

die Volkshochschule, -/-n 市民大学（カルチャーセンターの類）

die Hochschule, -/-n 単科大学 / 大学

die Universität, -/-en 総合大学 / 大学（=Uni）

das Studium, -s/Studien 大学での勉強 / 研究

mit dem Studium beginnen 勉学を始める

das Gymnasium, -s/Gymnasien ギムナジウム（中等教育機関）

das Gymnasium besuchen / aufs Gymnasium gehen ギムナジウムに通う

die Bibliothek, -/-en 図書館

in die Bibliothek gehen 図書館に行く

die Ferien（複数のみ） 休暇 / 休み

in den Ferien sein 休暇中である

in die Ferien fahren / gehen 休暇旅行に出かける

262
● 学校関係者・教育機関

男性形	女性形	
der Schüler, -s/-	**die Schülerin**, - /-nen	生徒 / 学童
der Student, -en/-en	**die Studentin**, -/-nen	大学生
der Lehrer, -s/-	**die Lehrerin**, -/-nen	教師 / 先生 / 教員
der Deutschlehrer, -s/-	die Deutschlehrerin, -/-nen	ドイツ語教師
der Kursleiter, -s/-	die Kursleiterin, -/-nen	講師
der Kollege, -n/-n	**die Kollegin**, -/-nen	同僚
der Schulfreund, -s/-e	die Schulfreundin, -/-nen	学校の友達
der Kursteilnehmer, -s/-	die Kursteilnehmerin, -/-nen	講座受講者
der Teilnehmer, -s/-	die Teilnehmerin, -/-nen	参加者 / 出席者
der Direktor, -s/-en	die Direktorin, -/-nen	校長
der Rektor, -s/-en	die Rektorin, -/-nen	学長

die Fakultät, -/-en	学部
das Institut, -(e)s/-e	研究所 / 機関
die Grundschule, -/-n	小学校
die Mittelschule, -/-n	中学校
die Oberschule, -/-n	高等学校

263
● 大学生と生徒の会話

A : Ich bin Student. Du auch?

B : Nein. Ich besuche noch die Schule, das Gymnasium.

A : Wann machst du das Abitur?

B : Nächstes Jahr.

A : 僕は学生だけど、君も？

B : いいえ。私はまだ学校に、ギムナジウムに通っています。

A : いつ高校卒業資格試験を受けるの？

B : 来年です。

264

● 友人との会話

A: Ich nehme seit einem Jahr am Japanischkurs teil.

B: Wirklich? Machst du einen Japanischkurs? Wo denn?

A: An der Volkshochschule in Freiburg.
Das macht mir viel Spaß.

A：一年前から日本語講座受講しているんだ。

B：そうなの？日本語講座に通っているって、いったいどこで？

A：フライブルクの市民大学さ。とても楽しいよ。

denn　文意を強める心態詞
j³ viel Spaß machen
人³にとってとても楽しい

265

● 学生の会話

A: Hast du in den Ferien etwas vor?

B: Ja. Ich fahre zu meinen Eltern. Und du?

A: Ich bleibe hier und muss in die Bibliothek gehen.

B: Wie fleißig!

A：休暇には何か予定ある？

B：ああ、実家に帰るつもりだ。君は？

A：私はここに残って、図書館に行かないと。

B：なんて勤勉なんだ。

◉ 高校卒業資格試験

ドイツで das Abitur、オーストリア・スイスで die Matura と呼ばれる高校卒業資格試験があります。この試験を受け（das Abitur / die Matura machen）合格しないと大学には入れません。近年大学を目指す高校生が増加しています。

266

2 授業：学校・大学

der Unterricht, -(e)s/-e（通常単数形）　授業

der Deutschunterricht　ドイツ語の授業

der Privatunterricht　個人レッスン

Unterricht haben　授業がある

das Semester, -s/-　学期

das Sommer-/Wintersemester　夏 / 冬学期

die Stunde, -/-n　授業時間

zwei Stunden Unterricht haben　2 時間授業を受ける

die Hausaufgabe, -/-n 宿題

Hausaufgaben machen 宿題をする

die Hausübung, -/-en 宿題

die Aufgabe, -/-n 課題

die Vorlesung, -/-en 講義

zur Vorlesung gehen 講義に行く

das Referat, -(e)/-e 研究発表 / レポート

ein Referat halten / schreiben 口頭発表をする / レポートを書く

unterrichten 授業する

studieren （大学で）専攻 / 研究する

in / an der Uni studieren 大学で勉強する

lernen 学ぶ

Deutsch lernen ドイツ語を学ぶ

rechnen 計算する

267

● 学生の会話

A : Gehst du schon zur Uni?

B : Ja, ja. Heute muss ich ein Referat halten. Ich möchte vorher noch kurz zur Unibibliothek gehen.

A : Viel Erfolg!

> Viel Erfolg! 成功を祈る表現

A：もう大学に行くの？

B：そうなんだよ。今日は発表しなくちゃいけなくてね。その前に少し大学図書館に行きたいんだ。

A：がんばれよ。

学校

268

● 学生の会話

A : Wie viele Stunden Unterricht hast du heute?

B : Nicht so viele. Nur drei, aber ich gehe noch als Gasthörerin zu zwei Vorlesungen.

A : Boah! So viele?

B : Es geht noch.

> als Gasthörer(in) 聴講生として
> Boah! 驚きを表現する感嘆詞

A：今日何時間授業ある？

B：そんなにないわ。3 コマだけよ。ほかに講義をふたつ聴講するけど。

A：おいおい、多いんじゃないか？

B：何とかやれるわ。

269

● 授業で

> die　関係代名詞、先行詞は alle Aufgaben

A: Haben wir heute Hausaufgaben?

B: Ja, wiederholt alle Aufgaben, die wir heute gemacht haben.

A: Was? Alle? Das ist zu viel ...

A：今日、宿題ありますか？

B：はい、今日やった問いを全部復習しなさい。

A：えっ？全部？それは多すぎるのでは…。

◉「今日はここまで！」

「今日の授業はここまで」という表現には Das ist alles für heute. や Wir machen Schluss für heute. などがあります。「今日はここまで！」で、学生も緊張の糸がほどけるでしょう。ドイツの授業では学生同士の意見が飛び交うこともしばしばで、授業中に居眠りの暇はありません。

270

● 専攻科目

Germanistik	独語学 / 独文学	**Kunst**	美術
Sprachwissenschaft	言語学	Musik	音楽
Japanologie	日本学	Psychologie	心理学
Philosophie	哲学	Medizin	医学
Geschichte	歴史学	Technik	工学
Jura	法律学	Architektur	建築学
Politik	政治学	Biologie	生物学
Wirtschaft	経済学	Informatik	情報学
BWL (Betriebswirtschaftslehre)	経営学		

271

● 文房具

der Stift, -(e)s/-e	ペン / 鉛筆	**das Heft**, -(e)s/-e	ノート
der Füller, -s/-	万年筆	**die Mappe**, -/-n	ファイル / 書類入れ
der Kugelschreiber, -s/-	ボールペン	**das Buch**, -(e)s/Bücher	本 / 書物
der Kuli, -s/-s	ボールペン（口語表現）	die Tafel, -/-n	黒板 / 掲示板
der Bleistift, -(e)s/-e	鉛筆	der Zettel, -s/-	メモ用紙

3 授業：語学学校

das Wort, -es/Wörter 単語
das Wort, -es/-e 言葉
der Satz, -(e)s/Sätze 文 / 文章
einen Satz machen / bilden 文章を作る
der Text, -es/-e テキスト / 文面
einen Text lesen テキストを読む
das Wörterbuch, -es/-bücher 辞書 / 辞典
im Wörterbuch nachschlagen 辞書で調べる
die Pause, -/-n 休憩 / 休み時間
eine Pause machen 休憩をとる
die Mittagspause, -/-n 昼休み

verstehen 理解する
kein Wort verstehen ひと言もわからない
reden 話す / 語る
mit j^3 über j^4/et^4 reden 人³と人⁴/ 物⁴について話す
hören 聞く
j^4/et^4 schlecht hören 人⁴/ 物⁴がよく聞こえない
zu|hören 聞く
j^3/et^3zuhören 人³/ 物³の話に耳を傾ける

schreiben 書く
lesen 読む
sagen ～と言う / ～と表現している
noch (ein)mal sagen もう一度言う
in et^3 sein 場所³にいる / 出席している
an|fangen 始める
mit et^3 anfangen 事³を始める
vor|bereiten 準備する
$sich^4$ für / auf et^4 vorbereiten 事⁴の準備をする
heißen ～と言う

faul 怠惰な
fleißig 勤勉な
auf 言語 ～語で

学校

273

● ドイツ語の授業で

A: Wie sagt man „Austria“ auf Deutsch?

B: „Österreich“.

A: Wie schreibt man das?

A:「オーストリア」はドイツ語でどう言うのですか？

B:「Österreich」です。

A: どのように書くのですか？

274

● 先生と生徒の会話

A: Könnten Sie bitte etwas lauter sprechen?

B: Okay. Bitte machen Sie einen Satz mit dem Wort „Buch“ und schreiben Sie ihn an die Tafel.

A: Ach so. Jetzt verstehe ich.

A: もう少し大きな声で話していただけますか？

B: わかりました。「本」という単語を使って1文作り、それを黒板に書いてください。

A: そうですか。やっとわかりました。

> könnten können 接続法第 II 式外交話法
> lauter　laut の比較級

275

● 語学学校の友人と

A: Was machst du? Jetzt ist Pause.

B: Einige Wörter habe ich nicht verstanden. Ich schlage sie deshalb im Wörterbuch nach.

A: Na, du bist fleißig. Ich hole dann auch für dich Kaffee.

B: Danke. Das ist ja nett!

A: 何しているの？今は休憩時間よ。

B: いくつか単語で意味がわからなかったんだよ。だから辞書で調べているのさ。

A: がんばってるのね。じゃあ、あなたのためにもコーヒーを持ってくるわ。

B: ありがたい。親切だね。

◉ Wörter と Worte

個々の単語の複数は Wörter となります。Wörterbuch（辞書）という単語が良い例です。それに対し、単語の集まりが一つの意味を成す場合の複数は Worte となります。mit anderen Worten（別の言葉で言い換えると）という表現があります。

276

4 質問

die Frage, -/-n 問題 / 質問
eine Frage stellen 質問をする
die Antwort, -/-en 答え / 解答 / 回答
die Grammatik, -/-en （通常単数形）文法
der Fehler, -s/- 間違い / 不正解 / ミス
einen Fehler machen 間違える
Fehler korrigieren ミスを訂正する

fragen 質問する
etwas fragen 何かを質問する
antworten 返答する
auf et⁴ antworten 物⁴に答える
korrigieren 訂正する / 添削する

wissen （知識や情報として）知っている
bedeuten 意味する
Was bedeutet das? それはどんな意味ですか？
meinen 思う / 意味する
erklären 説明する
et⁴ erklären 物・事⁴を説明する
wiederholen 繰り返す
buchstabieren つづる
beschreiben 描写する
übersetzen 翻訳する
vergessen 忘れる

noch (ein)mal もう一度

277

● 試験会場で

A: Haben Sie Fragen?
B: Nein.
A: Gut, dann tragen Sie bitte alle Antworten in die Lücken ein.

A：質問はありますか？
B：ありません。
A：わかりました。ではすべての答えを空欄に記入してください。

in et⁴ eintragen 物⁴に記入する

学校

278

● 授業で

A: Bitte lesen Sie den Text auf Seite 40 zuerst mal ganz schnell durch.
Ich wiederhole. Bitte lesen Sie den Text auf Seite 40.

B: Kann ich etwas fragen?

A: Ja, bitte?

durch|lesen	通して読む
auf Seite ...	…ページの

A：まず 40 ページの文章をさっと読んでください。
もう一度繰り返します。40 ページの文章を読んでください。

B：ちょっと質問してもいいですか？

A：はい、どうぞ。

279

● 語学学校で

A: Was bedeutet „Viel Spaß“? Könnten Sie bitte erklären, wann ich das benutze?

B: Ja, zum Beispiel wenn Sie ins Kino gehen, sage ich das zu Ihnen. Auf Englisch sagt man “Have fun!”.

A: Jetzt verstehe ich, danke. Und wie buchstabiert man das?

A：「Viel Spaß」ってどういう意味ですか？いつ使うのか説明してもらえますか？

B：いいですよ。たとえば、あなたが映画に行く時、私があなたに言います。英語では「Have fun!」に当たります。

A：そうですか。わかりました。ありがとうございます。それでどうつづるのですか？

◉ 言葉に詰まったとき、言い直したいとき

日本語でも言葉が出ないときに「えーと」とか「あの一」などと言いますが、それに相当するのが Hmm. です。または Wie sagt man das?（あれなんて言ったっけ）、Moment!（ちょっと待ってください）などと言って時間を稼ぎます。Was ich sagen wollte...（何を言いたかったというと…）と言うこともできます。
途中まで話し始めて、間違いに気が付いたり、別のことを言いたくなった場合は、一度 nein で区切ってみましょう。例えば、Das war am Mittwoch, nein, am Donnerstag. となります。Das ist nicht richtig. / Das stimmt nicht. / Das ist falsch. などで仕切り直すことも可能です。

280
5 語学

die Sprache, -/-n	語学	**können**	（語学が）できる
die Fremdsprache	外国語	**sprechen**	話す
die Muttersprache	母語	Was sprechen Sie?	何語を話しますか？
das Deutsch, -(s)/-（通常無冠詞）	科目としてのドイツ語	mit j^3 über j^4/et^4 sprechen	人^{3}と人^4/物^{4}について話す

281
● 言語・会話・語学能力を修飾する形容詞など

laut	大きな声で	**gut**	良くできる
leise	小さな声で / 静かに	**ein bisschen**	少し
schnell	速い	**etwas**	いくらか
langsam	ゆっくりした	**leicht**	簡単な / 易しい
perfekt	完璧な	**schwer**	難しい

282
● 初対面で

A: Seit wann lernen Sie Deutsch?

B: Seit einem Jahr. Deshalb mache ich noch viele Fehler.

A: Sie sprechen doch schon gut Deutsch.

A：いつからドイツ語を習っているのですか？

B：一年前からです。だからまだよく間違えてしまいます。

A：すでにドイツ語はお上手ですよ。

283
● 留学生同士の会話

A: Was sprichst du?

B: Ich spreche gut Englisch und ein bisschen Deutsch. Und du?

A: Ich spreche auch Englisch und etwas Russisch. Deutsch lerne ich seit sechs Monaten. Ist es aber nicht schwer, als Japaner Deutsch zu sprechen?

A：何語を話すの？

B：英語が得意で、ドイツ語は少し。あなたは？

A：僕も英語と、それからロシア語を少し。ドイツ語は6か月前から習っているんだ。でも日本人がドイツ語を話すのは難しくない？

284

● 学生の会話

A : Du sprichst ja sehr gut Deutsch. Ist Deutsch nicht deine Fremdsprache?

B : Nein, meine Mutter ist Deutsche.

A : Alles klar.

B : Aber ich habe lange in Japan gewohnt und studiere seit einem Jahr Germanistik hier in Berlin.

A：ドイツ語とてもうまいね。ドイツ語は君にとって外国語じゃないの？

B：ええ、違うわ。母がドイツ人よ。

A：ああ、なら理解できる。

B：でも長いこと日本に住んでいて、1年前からここベルリンでドイツ学を専攻しているの。

285

6 テスト

die Notiz, -/-en　メモ / 書き込み

eine Notiz machen　メモを取る

die Prüfung, -/-en　試験

eine mündliche Prüfung machen　口述試験を受ける

eine schriftliche Prüfung machen　筆記試験を受ける

der Test, -(e)s/-s または -e　テスト / 試験

einen Test schreiben　テストを受ける

die Übung, -/-en　練習 / 練習問題

Übungen machen / lösen　練習問題を解く

die Lücke, -/-n（穴埋め問題の）空欄部分

die Lösung, -/-en　解答

das Ergebnis, -ses/-se　結果 / 成果

die Note, -/-n　成績 / 点数

eine gute / schlechte Note　よい / 悪い成績

der Punkt, -es/-e　点数

üben　練習する

lösen　問題を解く

aus|wählen　選択する

ein Thema auswählen　テーマを選ぶ

bekommen　（成績や点数などを）もらう

bestehen　合格する

positiv　肯定的な

negativ　否定的な

richtig　正しい / 正解である

falsch　間違っている / 不正解である

286
● 学生の会話

A: Weißt du, dass wir am kommenden Freitag einen Test schreiben?

B: Wieso? Das gibt's doch nicht. Letzte Woche hatten wir doch schon die mündliche Prüfung?

A: Aber dieses Mal haben wir eine schriftliche Prüfung.

A：今週金曜日、テストがあるって知ってる？

B：なんで？ありえないだろう。
先週口述試験があったじゃないか？

A：でも今回は筆記テストよ。

am kommenden Freitag
今度の金曜日
Das gibt's doch nicht.
驚嘆を表す口語表現

287
● 学生の会話

A: Na, wie war der Test?

B: Hoffentlich bekommen wir eine gute Note.

A: Wann bekommen wir die Ergebnisse?

B: In einer Woche.

A：で、テストはどうだった？

B：できれば、お互い良い成績だといいね。

A：結果はいつ出るのかな？

B：一週間後よ。

288
● 学生の会話

A: Sag mal, wie war deine Prüfung?

B: Ich habe sie bestanden! Hier habe ich das Zertifikat.

A: Kein Wunder. Du hast wirklich viele Übungen gemacht. Herzlichen Glückwunsch!

B: Danke!

A：ねえ、君は試験どうだった？

B：合格よ！ここに証明書があるわ。

A：不思議じゃないよ。君は本当にたくさん試験勉強していたから。本当におめでとう！

B：ありがとう。

仕事

289

1 職業

der Beruf, -(e)s/-e 職業

von Beruf sein 〜の職業である

die Arbeit, -/-en 仕事

der Job, -s/-s 仕事 / アルバイト

arbeiten 働く

als … arbeiten 〜として働く

bei et³ arbeiten （職場）で働く

mit j³ arbeiten 人³と一緒に働く

mit et³ arbeiten 物³を使って働く

職業名 sein 〜の職業である

bei 会社名 / 勤め先 sein 会社名 / 勤め先で働いている

jobben アルバイトをする

tätig sein 従事している

beruflich 職業上

290 ● 初対面で

A: Was sind Sie von Beruf?

B: Ich arbeite als Kaufmann bei SANSHUSHA.

A: Aha, müssen Sie lange arbeiten?

B: Na ja, schon.

> schon　仕方なく肯定するという意味の心態詞

A：ご職業は？

B：三修社で営業の仕事をしています。

A：そうですか。勤務時間は長いですか？

B：まあ、長いですね。

291 ● 知人との会話

A: Sind Sie berufstätig?

B: Nein, ich bin Hausfrau. Früher war ich Sekretärin.

A: Wo haben Sie denn gearbeitet?

A：お勤めですか？

B：いいえ、専業主婦です。かつては秘書をしていました。

A：どちらにお勤めでしたか？

292 ● 若者同士の会話

A: Arbeitest du?

B: Nein, ich bin noch Student.

A: Ach ja, dann jobbst du?

B: Ja, ich arbeite als Verkäufer.

A：仕事はしてるの？

B：いや、まだ学生だよ。

A：そうか。じゃあアルバイトはしてる？

B：うん、店員をしてるよ。

293

● 職業・身分

男性形	女性形	
der Student, -en/-en	**die Studentin**, -/-nen	学生
der Schüler, -s/-	**die Schülerin**, -/-nen	生徒
der Hausmann, -es/-männer	**die Hausfrau**, -/-en	主夫 / 主婦
der Techniker, -s/-	die Technikerin, -/-nen	技術者
der Kaufmann, -es/-männer	die Kauffrau, -/-en	営業職
der Mechaniker, -s/-	die Mechanikerin, -/-nen	修理工 / 機械工
der Sekretär, -s/-	die Sekretärin, -/-nen	秘書
der Angestellte, -n /-n（形容詞変化）	**die Angestellte**, -n/-n（形容詞変化）	会社員
der Beamte, -n /-n（形容詞変化）	**die Beamtin**, -/-nen	公務員
der Lehrer, -s/-	**die Lehrerin**, -/-nen	教師
der Arzt, -es/Ärzte	**die Ärztin**, -/-nen	医師
der Bauer, -s/-	die Bäuerin, -/-nen	農夫 / 農婦

◉ 職業、身分、国籍を表すときは無冠詞

人を紹介する場合、職業を表す名詞には冠詞をつけません。

例：Herr Meyer ist Techniker. Ich bin Lehrer.

このように無冠詞で表現されるものには、Student などの身分や、Japaner など国籍があります。

294

2 仕事の内容・条件

die Aufgabe, -/-n	課題 / 任された仕事
das Projekt, -(e)s/-e	プロジェクト / 企画
ein Projekt leiten	プロジェクトを仕切る
der Lohn, -(e)s/Löhne	賃金 / 報酬
die Versicherung, -/-en	保険
der Stress, -es/-e	ストレス
Stress haben	ストレスがある
im Stress sein	ストレスを抱える

machen	～する / 仕事をする / 処理する
verdienen	稼ぐ
leiten	指導する / 主宰する
verkaufen	売る
organisieren	企画準備をする
mögen	～が好きである
versichert sein	保険に入っている

295 ● 仕事・職場を表す形容詞

gut	よい	leicht	簡単な
schlecht	悪い	**schwer**	難しい
interessant	面白い / 興味深い	angenehm	仕事しやすい
langweilig	面白くない / 退屈な	unangenehm	いやな / 居心地の悪い
		gefährlich	危険な

296 ● 知人との会話

A : Was machen Sie?

B : Ich bin Angestellter. Jetzt leite ich ein Projekt.

A : Das klingt interessant.

B : Ja, aber ich habe dabei auch viel Stress.

klingen　〜に聞こえる

A：ご職業は？

B：会社員です。現在プロジェクトリーダーをしています。

A：それは、面白そうですね。

B：はい、でもストレスも多いですよ。

297 ● 友人との会話

A : Was ist deine Aufgabe?

B : Ich organisiere eine Ausstellung.

A : Ach, schön!

A：君はどんな仕事を任されているの？

B：展覧会の企画準備だよ。

A：いいじゃない！

298 ● 友人との会話

A : Wie viel verdienst du pro Monat?

B : Ca. 2000 Euro.

A : Nicht schlecht, oder? Und bist du versichert?

B : Ja, natürlich.

pro Monat　一月ごとに

A：月給はいくらなの？

B：だいたい 2000 ユーロくらいだな。

A：悪くないんじゃない？で、保険は入っているの？

B：ああ、もちろん。

299

3 職場

der Arbeitsplatz, -es/-plätze 職場
das Büro, -s/-s オフィス
das Geschäft, -(e)s/-e 店 / 店舗
die Firma, -/Firmen 会社
die Fabrik, -/-en 工場
die Kasse, -/-n レジ
die Werkstatt, -/-stätten 工場 / 工房
die Sitzung, -/-en 会議 / 打ち合わせ
eine Sitzung haben 会議がある

der Termin, -s/-e
（申し合わせた）期日 / 予約日 / 予約の時間
einen Termin haben
約束 / アポイントメントがある
einen Termin machen / ausmachen
約束をする / 予約を取る
einen Termin verschieben
アポイントメント / 予定をずらす

男性形	女性形	
der Chef, -s/-s	**die Chefin**, - /-nen	上司
der Kollege, -n/-n	**die Kollegin**, -/-nen	同僚
der Direktor, -s/-en	die Direktorin, -/-nen	（機関・会社・部局などの）長
der Arbeitgeber, -s/-	die Arbeitgeberin, -/-nen	雇い主
der Kursleiter, -s/-	die Kursleiterin, -/-nen	講師

300

● 友人との会話

A: Wo arbeitest du jetzt?
B: Ich arbeite in einem Büro in der Schillerstraße.
A: Und was machst du dort?
B: Ich sitze meistens am Computer.

A：どこで働いているの？
B：シラー通りにあるオフィスだよ。
A：そこで何しているの？
B：たいていコンピューターで作業をしているね。

301 ● 友人との会話

A : Hast du jetzt einen neuen Arbeitsplatz?

B : Ja, seit zwei Monaten. Jetzt bin ich wieder in einem Reisebüro tätig.

A : Und wie sind deine Kollegen?

B : Sie sind ganz angenehm.

A : 転職したの？

B : うん、二か月前からね。また旅行代理店で仕事をしているんだ。

A : で、同僚はどう？

B : とてもいい人たちだよ。

302 ● 同僚との会話

A : Heute muss ich zu einer Firma. Dort habe ich einen Termin.

B : Hast du dort eine Sitzung?

A : Ja, die ist immer langweilig.

A : 今日、会社に行かないと。アポがあるの。

B : 会議でもあるの？

A : ええ、それがいつも退屈でね。

職場の du と Sie

ドイツ語圏では、同じ職場の同僚同士は、基本的に du で呼び合います。上司と部下の間でも du を使います。上司が部下に du を使えば、部下も上司に du を使います。

取引先の相手には、初めは Sie を使います。仕事上、ある程度信頼関係が生まれてくると、du に変わります。同じ業種に従事している人の中では、はじめから du を使うこともあるようです。個人差もありますが、ドイツに比べてオーストリアのほうが Sie を使う頻度が高いようです。

303

4 オフィス

der Schreibtisch, -(e)s/-e	デスク	**der Kugelschreiber**, -s/-	ボールペン
der Stuhl, -(e)s/Stühle	椅子	der Stempel, -s/-	はんこ / スタンプ / 消印
das Telefon, -s/-e	電話		
das Fax, -/-(e)	ファックス		
die Kopie, -/-n	コピー	**kopieren**	コピーする
der Kopierer, -s/-	コピー機	**schicken**	送る
der Computer, -s/-	コンピューター	et⁴ schicken	物⁴を送る
der Drucker, -s/-	プリンター	**an|rufen**	電話する
das Blatt, -(e)s/Blätter	（一枚の）紙	j⁴ anrufen	人⁴に電話する
das Papier, -s/-e	紙		

304

● 同僚との会話

A: Kannst du bitte diesen Brief kopieren?

B: Ja, gerne. Wie viele Kopien brauchst du denn?

A: Drei, bitte.

A：この手紙、コピーしてもらえる？

B：いいよ。何部要るの？

A：3部お願い。

305

● 電話で

A: Hier spricht Markus Fischer. Kann ich bitte mit Herrn Schmidt sprechen?

B: Es tut mir leid. Herr Schmidt ist heute nicht im Büro. Können Sie bitte morgen noch einmal anrufen?

A: Ja, kein Problem.

> Hier spricht ...　（電話口で）こちらは（自分の名前）です。

A：マルクス・フィッシャーですが、シュミット氏とお話できますか？

B：申し訳ございません。シュミットは本日、オフィスにおりません。明日もう一度お電話いただけますか？

A：はい、わかりました。

306

5 就職活動・研修

die Arbeit, -/-en 仕事
keine Arbeit haben 仕事がない
das Praktikum, -s/Praktika 実習
ein Praktikum machen 実習を受ける
die Bewerbung, -/-en 応募
eine Bewerbung schicken 応募する / 応募用紙を送る
das Vorstellungsgespräch, -(e)s/-e 面接
ein Vorstellungsgespräch machen / haben 面接をする / 受ける

lernen 習う
finden 見つける
suchen 探す
werden *(s)* （職業）になる
werden wollen ～になりたいと思う
wechseln 交換する
vor|stellen 紹介する
sich[4] vor|stellen 自己紹介をする
bewerben 応募する / 申し込む
sich[4] um et[4] bewerben 物[4]に応募する
kündigen 退職届け / 解雇通知を出す

arbeitslos sein 失業している

307

● ドイツ人学生と日本人の会話

A : In Deutschland machen die Studenten oft ein Praktikum.
B : Wo machen sie das Praktikum?
A : Oft in einer Firma oder an einer Universität.
B : Und was willst du in Zukunft werden?

A：ドイツでは学生が、よく実習をするんだ。
B：どこで実習をするの？
A：会社や大学が多いかな。
B：それで君は将来何になるつもり？

仕事

308

● 知人との会話

A: Was machen Sie jetzt?

B: Ich habe jetzt keine Arbeit. Ich suche gerade eine Stelle.

A: Hoffentlich finden Sie bald einen guten Job.

B: Danke.

A：お仕事は何をなさっているんですか？

B：今は仕事がありません。ちょうど職を探しているところです。

A：早くよいお仕事が見つかるといいですね。

B：ありがとうございます。

309

● 知人との会話

A: Dieses Stellenangebot hat gut ausgesehen. Ich habe gleich eine Bewerbung geschickt.

B: Und hast du schon eine Antwort bekommen?

A: Ja, ich habe nächste Woche ein Vorstellungsgespräch.

A：この求人はよさそうだったから、すぐに応募したんだ。

B：それで、応募の返事は来たの？

A：ああ、来週面接なんだ。

大学生の研修

ヨーロッパでは、大学在学中に専門分野で研修をする学生が大勢います。期間は数週間から1年に及ぶものまで様々です。例えば、外国語学科の中には、卒業単位として専攻している外国語を話す国に、最低6か月滞在することが義務付けられているようなところもあります。この他にも、学生が自主的に就職活動やアルバイトを兼ねて企業研修に行くことも多く見られます。このような経験は、就職活動の際にも評価されるので、学生側から見れば一石二鳥、あるいはそれ以上の価値があるのです。企業側もまた、優秀な人材を確保するために、学生を積極的に受け入れているようです。

趣味・娯楽

310

1 余暇・バカンス

die Freizeit, -/（単数のみ）	余暇
in der Freizeit	余暇に
das Wochenende, -s/-n	週末
am Wochenende	週末に
der Feiertag, -(e)s/-e	祝日
die Ferien（複数のみ）	休暇
die Sommerferien	夏休み
Ferien machen	長期休暇を過ごす
Ferien haben	長期休暇がある / を過ごす
in den Ferien sein	長期休暇中である
der Urlaub, -(e)s/-e	休暇 / バカンス
Urlaub machen	バカンスをとる
in / im / auf Urlaub sein	バカンス中である
in / auf Urlaub fahren	バカンスに行く
der Tipp, -s/-s	ヒント / アドバイス
der Freizeittipp	余暇のヒント

311

● 旅行のあいさつ

ドイツやオーストリアでは長期休暇が法的に保障されており、夏には何週間もバカンスを取ります。休み前の挨拶や出発する相手に対する表現です。

Gute Fahrt!	良いドライブ / 旅を！（車や電車で出かける相手に対して）
Guten Flug!	良い飛行 / 旅を！（飛行機に乗る人に対して）
Gute Reise!	良い旅行を！

Schönes Wochenende!	良い週末を！
Schönen Feiertag! / Schöne Feiertage!	良い祝日を / よい連休を！
Schöne Ferien!	良い休暇を！
Schönen Urlaub!	良いバカンスを！

312

● 知人との会話

A: Was machen Sie in der Freizeit?

B: Ich spiele oft Tennis.

A: Spielen wir dann mal zusammen Tennis? Vielleicht am nächsten Wochenende?

A：余暇には何をするのですか？

B：私はよくテニスをします。

A：では、今度テニスを一緒にしませんか？よろしければ今度の週末などいかがでしょう？

313

● 知人との会話

A: Wohin fahren Sie dieses Jahr in Urlaub?

B: Ferien machen wir jedes Jahr in Karuizawa, weil wir dort unser Ferienhaus haben.

A：今年はどこへバカンスに行くのですか？

B：長期休暇は毎年軽井沢で過ごします。そこに別荘があるので。

314

● ドイツ人学生と日本人留学生の会話

A: Wie lange habt ihr in Japan Urlaub?

B: Zehn Tage bis zwei Wochen.

A: So wenig?

B: Dafür haben wir aber mehr Feiertage als in Deutschland. Anfang Mai gibt es zum Beispiel die „Goldene Woche“, das sind mehrere Feiertage hintereinander.

> dafür　da は「休暇が少ないこと」を受ける
> hintereinander　前後して

A：日本では休暇はどのくらいあるの？

B：10 日から 2 週間くらいかな。

A：そんなに少ないの？

B：でも、そのかわり祝日はドイツよりも多いよ。例えば 5 月はじめには「ゴールデン・ウィーク」といって、何日も祝日が続くんだ。

315

2 趣味

das Hobby, -s/-s 趣味

die Kultur, -/-en 文化

die Musik, -/-en（通常単数形） 音楽

Musik hören 音楽を聴く

die Karaokebar, -/-s カラオケ

in die Karaokebar gehen カラオケへ行く

der Sport, -(e)s/（単数のみ） スポーツ

Sport machen スポーツをする

der Spaß, -es/Späße 楽しみ / 気晴らし / 冗談

j³ Spaß machen 人³にとって楽しい

singen 歌う

ein Lied singen 歌を歌う

frei|haben 休みである

gern(e) tun ～をするのが好きである

gefallen 気に入る / 気に入っている

j³ gefallen 人³の気に入る

interessieren 興味を引く / 興味を持つ

j⁴ interessieren 人⁴の興味を引く

sich⁴ für et⁴ interessieren 物⁴に興味がある

spazieren gehen *(s)* 散歩する

aus|gehen *(s)* 外出する

316

● 知人との会話

A : Haben Sie morgen frei?

B : Leider nicht. Ich muss arbeiten. Und Sie?

A : Ich habe morgen frei. Ich werde den ganzen Tag Klavier spielen.

A：明日はお休みですか？

B：残念ながら違います。仕事です。あなたは？

A：私は休みです。一日中、ピアノを弾いていると思います。

317

● 学生の会話

A : Hast du Hobbys?

B : Ja, ich mache gern Sport.

A : Interessierst du dich auch für Musik?

B : Ja, klassische Musik interessiert mich sehr.

A：趣味はある？

B：うん、スポーツが好きだな。

A：音楽にも興味ある？

B：うん、クラシック音楽には関心高いよ。

318

● ドイツ人留学生と日本人学生の会話

A: Ich war noch nie in einer Karaokebar.

B: Wirklich? Karaoke macht aber Spaß!

A: Gefällt es dir? Hast du vielleicht einen Tipp, wo man Karaoke singen kann?

B: Ja, klar.

A：僕、まだ一度もカラオケに行ったことがないんだ。

B：本当？カラオケって楽しいよ。

A：カラオケ好きなの？どこでカラオケができるのか、ちょっと教えてくれる？

B：ああ、もちろん。

319

● 趣味・興味

das Spiel, -(e)s/-e　ゲーム

das Computerspiel　コンピューターゲーム

Computerspiele spielen　コンピューターゲームをする

das Schach, -s/（単数のみ）　チェス

japanisches Schach　将棋

das Go, -s/（単数のみ）　碁

das Glück, -(e)s/（単数のみ）　幸運

bei et^3 Glück haben　物^3/事^{3}において運がいい

320

● 楽器（Musikinstrumente）

die Geige, -/-n　バイオリン

das Klavier, -s/-e　ピアノ

die Gitarre, -/-n　ギター

spielen　（楽器を）演奏する

楽器の演奏は spielen が用いられますが、英語とは異なり名詞は無冠詞です。

例：Ich spiele gern Klavier, aber noch lieber Geige.

私はピアノを弾くのが好きですが、バイオリンを弾くのはもっと好きです。

321

3 写真・絵画

das Foto, -s/-s	写真
ein Foto machen	写真を撮る
das Bild, -(e)s/-er	写真 / 絵
die Farbe, -/-n	色
der Film, -s/-e	フィルム
einen Film (an)sehen	映画を見る
die Kamera, -(e)s/-s	カメラ
der Fotoapparat, -(e)s/-e	カメラ
die Filmkamera	（フィルム式）カメラ
die Digitalkamera	デジタルカメラ
der Knopf, -(e)/Knöpfe	シャッター / ボタン
den Knopf drücken	ボタンを押す
die Kunst, -/Künste	芸術
das Museum, -s/Museen	博物館 / 美術館
ins Museum gehen	博物館へ行く
das Kunstmuseum	美術館
die Ausstellung, -/-en	展覧会
die Galerie, -/-n	画廊 / 美術館
die Öffnungszeit, -/en	開館 / 受付時間
fotografieren	写真を撮る
malen	（絵を）描く
ein Bild malen	絵を描く
zeichnen	デッサンする / 描く
besichtigen	見物する / 見学する
statt|finden	催される

322

● 学生の会話

A : Kannst du bitte ein Foto von uns machen?

B : Ja, sicher.

A : Danke. Du musst nur diesen Knopf drücken.

A：僕たちの写真、撮ってくれる？

B：もちろん、いいよ。

A：ありがとう。ここのボタンを押せばいいだけだから。

323

● 同僚との会話

A : Wo ist mein Fotoapparat?

B : Meinen Sie diese Kamera?

A : Nein, das ist eine Digitalkamera. Meine ist eine alte Filmkamera. Mir gefallen die Bilder der Filmkameras besser als die der Digitalkameras.

> die der Digitalkameras
> die は Bilder の指示代名詞

A：私のカメラ、どこでしょうか？

趣味・娯楽

B：このカメラのことですか？

A：いいえ、これはデジカメですね。私のは古いフィルム式のカメラなんです。フィルム式カメラの写真の方がデジタルカメラのより好きで。

324 ● 知人との会話

A: Interessieren Sie sich auch für Kunst?

B: Ja, sehr. Meine Cousine ist Malerin, und ich selbst male auch gern.

A: Wollen wir am nächsten Samstag ins Kunstmuseum gehen? Jetzt findet dort eine interessante Ausstellung statt.

A：あなたも芸術に興味がありますか？

B：ええ、とても。私の従妹が画家ですし、私自身も絵を描くのが好きなんです。

A：今度の土曜日に美術館に行きませんか？今、面白い展覧会をやっているんです。

325

4 新聞・読書

das Buch, -(e)s/Bücher	本
der Text, -(e)s/-e	テキスト / 本文
die Seite, -/-n	ページ
das Bild, -(e)s/-er	写真 / 図
die Zeitung, -/-en	新聞
Zeitung lesen	新聞を読む
die Zeitschrift, -/-en	雑誌
das Thema, -s/Themen	テーマ
der Titel, -s/-	タイトル
der Artikel, -s/-	記事
die Anzeige, -/-n	（新聞・雑誌の）広告
die Literatur, -/-en	文学
die Bibliothek, -/-en	図書館
die Unibibliothek	大学図書館
lesen	読む
schreiben	書く
für et⁴ schreiben	物⁴に書く
wöchentlich	毎週

326 ● 知人との会話

A: Was lesen Sie gerade?

B: Ein Buch über Spanien. Das ist ein Reisebericht, und mein Freund hat ihn für eine Zeitung geschrieben.

A：何をお読みになっているところですか？

B：スペインについての本です。これ、旅行のルポで、私の友人が新聞に書いたものなんです。

> der Reisebericht
> Reise（旅行）+ Bericht（報告）

327 ● 学生の会話

A : Hallo, gehst du auch in die Bibliothek?

B : Ja, heute möchte ich dort alte Kunstbücher ansehen. Die Bilder sind ganz toll.

A : Na schön, ich gehe alte Zeitungen sehen. Ich schreibe ein Referat.

B : Oh, viel Erfolg.

A：やあ、君も図書館へ行くの？

B：ええ、古い美術書を見ようと思ってね。絵が素晴らしいのよ。

A：いいね。僕は古い新聞を見に行くんだ。レポートを書くんだ。

B：まあ、がんばってね。

328 ● 友人との会話

A : Ich habe gestern einen interessanten Artikel über Japan in der Zeitung gelesen.

B : Wer hat ihn geschrieben?

A : Den Namen weiß ich nicht, aber das war eine österreichische Journalistin, die schon lange in Japan lebt.

A：昨日、日本について面白い記事を新聞で読んだよ。

B：誰が書いた記事なの？

A：名前は知らないんだけど、もう長いこと日本に住んでいるオーストリアのジャーナリストだったよ。

329 ● 文筆業

男性形	女性形	
der Autor, -s/-en	die Autorin, -/-nen	作家 / 著者
der Dichter, -s/-	die Dichterin, -/-nen	詩人
der Journalist, -s/-en	die Journalistin, -/-nen	ジャーナリスト
der Schriftsteller, -s/-	die Schriftstellerin, -/-nen	作家

330

5 テレビ・ラジオ

das Radio, -s/-s	ラジオ / ラジオ番組
Radio hören	ラジオを聞く
der Fernseher, -s/-	テレビ
das Gerät, -(e)s/-e	（テレビ・ラジオなどの）機器
der Apparat, -(e)s/-e	（テレビ・ラジオ・電話などの）機器
das Programm, -s/-e	プログラム / 番組
das Fernsehprogramm	（局全体の）テレビ番組
die Sendung, -/-en	（個々の）テレビ番組
die Nachricht, -/-en	ニュース
das Interview, -s/-s	インタビュー
das Video, -s/-s	ビデオ
die CD, -/-s	CD
die DVD, -/-s	DVD
der Rekorder, -s/-	レコーダー
sehen	見る
fern|sehen	テレビを見る
an|sehen	見つめる / じっくり見る
sich³ et⁴ ansehen	物⁴を見る / 観る
an|schauen	見つめる / じっくり見る
live	ライブで / 生で

男性形	女性形	
der Sprecher, -s/-	die Sprecherin, -/-nen	アナウンサー / 話し手
der Fernsehsprecher	die Fernsehsprecherin	テレビアナウンサー

331

● 学生との会話

A : Ich habe gestern den ganzen Tag nur ferngesehen.

B : Was hast du dir angesehen?

A : Zwei amerikanische Filme und einen deutschen Dokumentarfilm. Am Abend dann ein paar Krimis und ...

A：昨日は一日中テレビばかり観ていたんだ。

B：何を見ていたの？

A：アメリカの映画２本とドイツのドキュメンタリー映画１本。夕方はサスペンスを２～３本、それから…

332

● 大学での学生の会話

A : Hast du heute Radio gehört?

B : Nein, ich habe keinen Radioapparat. War etwas Interessantes dabei?

A : Es gab ein Live-Interview mit unserem Professor.

A：今日、ラジオ聞いた？

B：ううん、ラジオ持ってないんだ。何か面白いことでもあった？

A：僕らの教授のインタビューが生放送であったんだ。

333

6 スポーツ（1）

der Sport, -(e)s/（単数のみ）	スポーツ
Sport machen	スポーツをする
der Ball, -(e)s/Bälle	ボール
das Spiel, -(e)s/-e	ゲーム / 試合
das Fußballspiel	サッカーの試合
der Klub, -s/-s	（スポーツ）クラブ
der Verein, -(e)s/-e	協会 / クラブ
das Team, -s/-s	チーム
in 団体名[3] sein	団体[3]に入っている / 所属する
gehören	所属する
zum Verein gehören	クラブに所属する
fit sein	体調 / コンディションがいい

男性形	女性形	
der Spieler, -s/-	die Spielerin, -/-nen	（球技の）選手
der Tennisspieler	die Tennisspielerin	テニス選手
der Schwimmer, -s/-	die Schwimmerin, -/-nen	水泳選手

334

● 知人との会話

A : Machen Sie viel Sport?

B : Nicht so viel, nur manchmal laufe ich. Und Sie?

A : Ich fahre jeden Tag Rad, weil ich mit dem Rad zur Arbeit fahre.

B : Deshalb sind Sie immer fit.

A：スポーツはよくされますか？

B：それほどよくはしません、時々走るくらいですね。で、あなたは？

A：毎日、自転車に乗っています。職場まで自転車で行っているもので。

B：だからいつもコンディションがいいんですね。

335

● **ドイツ人学生と日本人留学生の会話**

A: Spielst du Baseball?

B: Nein, weil ich nicht weiß, wie man Baseball spielt.

A: Man muss nur den Ball werfen, schlagen und fangen ...

B: Hmm. Das klingt ja alles sehr einfach. Vielleicht sollte ich es mal probieren.

A：野球はするの？

B：いいや、野球がどういうものか、知らないからね。

A：単にボールを投げて、打って、捕ればいいのよ…

B：へえ、どれもとても簡単そうだね。やってみてもいいかも。

◉ **クラブについて**

ドイツやオーストリアには、日本のように課外活動として学内で行うクラブ活動やサークル活動はなく、希望者は地域の公的機関や各スポーツクラブなどが提供するプログラムに参加します。「Klub」と言っても、ドイツ語圏では基本的に学外の活動になります。Klub や Verein は、プロからアマチュアまで大小合わせて無数にあり、ジャンルもスポーツだけでなく芸術や学術関係など多岐にわたっています。

336

7 スポーツ（2）

der Punkt, -(e)s/-e	点数
das Stadion, -s/Stadien	スタジアム
der Platz, -es/Plätze	運動場 / グラウンド / コート
der Sportplatz	運動場
die Halle, -/-n	体育館
die Übung, -/-en	練習
die Gymnastikübung	体操の練習
gewinnen	勝つ / 勝利する
verlieren	負ける / 敗退する
stehen (🇦🇹 🇨🇭 *(s)*)	（～の状態に）ある
teil|nehmen	参加する
an et³ teilnehmen	物³に参加する
trainieren	トレーニングする

337

● 友人との会話

A: Wo spielt ihr Basketball? Auf dem Sportplatz?

B: Nein, wir trainieren normalerweise in der Turnhalle.

A: Aha, und wie oft?

A：みんな、どこで体操の練習しているの？運動場？

B：いや、普段は体育館でトレーニングしているよ。

A：なるほど。で、どのくらいの頻度で？

338

● 友人との会話

A: Wie steht das Spiel jetzt?

B: Drei zu eins für Japan.

A: Dann gewinnt Japan bestimmt.

A：試合は今どうなってる？

B：3 対 1 で日本がリード。

A：じゃあ、日本がきっと勝つね。

drei zu eins　3 対 1

339

● 知人との会話

A: Wer hat gestern gewonnen?

B: Wir haben mit zwei zu null gewonnen.

A: Toll!

A：昨日はどちらが勝ちましたか？

B：2 対 0 で私たちが勝ちました。

A：よかったですね。

gewonnen
gewinnen の過去分詞

◉ 国が変わればスポーツも？

ドイツやオーストリアで「球技」といえば、まずサッカーが挙げられます。それに対して、日本で人気のある野球のことを知っている人はごく僅かです。野球について話そうとすると、ルールも含めて説明する必要があり、相手に理解してもらうのにかなり苦労します。このように、人気のあるスポーツは国によって異なりますが、そのことがはっきりと示されるのがオリンピック中継で、それぞれの国で人気のスポーツや「お家芸」のスポーツを中心に番組が構成されています。

日本の相撲はスポーツ専門チャンネルで放映されていることもあってよく知られており、テレビ観戦を楽しみにしているファンもいます。

340

球技 (Ballsport)

der Baseball, -(e)s/	野球
das Baseballstadion, -s/-stadien	球場
der Fußball, -(e)s/	サッカー
das Fußballstadion, -s/-stadien	サッカースタジアム
der Fußballplatz, -es/-plätze	サッカー場
der Basketball, -(e)s/	バスケットボール
der Volleyball, -s/	バレーボール
das Tischtennis, -/	卓球
die Sporthalle, -/-n	体育館 / (室内) 競技場
das Golf, -s/	ゴルフ
der Golfplatz, -es/-plätze	ゴルフ場
das Tennis, -/	テニス
der Tennisplatz, -es/-plätze	テニスコート

格闘技 (Kampfsport)

das Sumo, -/	相撲
Sumo machen	相撲をする
das Judo, -(s)/	柔道
das Kendo, -(s)/	剣道
das Karate, -(s)/	空手

ウィンタースポーツ (Wintersport)

Ski fahren / laufen	スキーをする
Eis laufen	スケートをする
die Eishalle, -/-n	屋内スケート場

水上競技 (Wassersport)

schwimmen *(s, h)*	泳ぐ
baden	泳ぐ / 水浴びする
das Bad, -(e)s/Bäder	プール
das Schwimmbad	プール
surfen	サーフィンをする
angeln	釣りをする

その他のスポーツ

das Aerobic, -s/ エアロビクス
die Aerobic, -/ エアロビクス
der/das Yoga, -(s)/ ヨガ（= Joga）
Aerobic / Yoga machen エアロビクス / ヨガをする
das Fitnessstudio, -s/-s フィットネスクラブ
turnen 体操をする
die Turnhalle 体育館 / 体操場

das Jogging, -s/ ジョギング
joggen ジョギングをする
der Marathon, -s/-s マラソン
(einen) Marathon laufen マラソンをする
laufen *(s)* 走る / 歩く
wandern *(s, h)* トレッキングする
Rad fahren サイクリングをする

● 様々なスポーツ

「どんなスポーツが好きですか?」、「何かスポーツをしますか?」とよく聞かれます。そこで、自分が得意なスポーツや好きなスポーツについて、言えるようにしておきましょう。スポーツの種目は単数形で無冠詞で用いられます。

341

8 映画・演劇・コンサート

die Musik, -/-en（通常単数形） 音楽
Musik hören 音楽を聴く
das Konzert, -(e)s/-e コンサート / 音楽会
ins Konzert gehen コンサートに行く
das Kino, -s/-s 映画館
ins Kino gehen 映画を観に行く
das Theater, -s/- 劇場 /（単数で）芝居
ins Theater gehen 芝居を観に行く

der Film, -(e)s/-e 映画
das Programm, -(e)s/-e プログラム
die Pause, -/-n 幕間
kaufen 買う
spielen 演じる
besuchen 訪ねる
modern 現代的な
klassisch クラシックの

342

● 友人との会話

A: Gehen wir mal wieder ins Kino?

Jetzt läuft nämlich ein interessanter Film.

B: Meinst du den japanischen Film? Sehr gerne!

> nämlich （前文の説明として）つまり / というのも

A：また映画を観に行かない？

今、面白い映画を上映しているんだ。

B：例の日本映画のこと？ 喜んで！

343

● 学生の会話

A: Welche Musik hörst du gern? Klassische Musik oder eher Popmusik?

B: Ich höre normalerweise Jazz, manchmal aber auch moderne Musik.

A: Schön! Also, wenn du am Wochenende Zeit hast, dann könnten wir ja mal zusammen ins Konzert oder in eine Jazzkneipe gehen!

A：どんな音楽を聴くのが好きなの？ クラシック、それともポップスの方？

B：普通はジャズだけど、ときどき現代音楽も聴くよ。

A：そうなんだ。じゃあ週末に時間があったら、一緒にコンサートかジャズバーにでも行こうよ！

344

● 知人との会話

A: Interessieren Sie sich für Musik?

B: Ja, sehr. Wir besuchen oft Konzerte. Heute Abend auch. Wir haben Karten für die Wiener Philharmoniker.

A: Wirklich? Ich auch! Treffen wir uns am Eingang.

A：音楽に興味をお持ちですか？

B：ええ、とても。私たち、よくコンサートに行くんです。実は今晩もウィーンフィルのチケットを手に入れています。

A：本当ですか？私もです。入口で待ち合わせしましょう。

345

9 チケット・ホール

der Eingang, -s/-gänge 入口
der Ausgang, -s/-gänge 出口
der Notausgang, -s/-gänge 非常口
die Garderobe, -/-n （劇場などの）クローク
die Reihe, -/n 列
die Mitte, -/-n（通常単数形） 中央 / 真ん中
in der Mitte 中央に / で
das Ticket, -s/-s チケット
die Karte, -/-n チケット
die Eintrittskarte 入場券
die Kasse, -/-n チケット売り場
die Abendkasse 当日券売り場
der Platz, -(e)s/Plätze 場所 / 席
der Sitzplatz 座席
der Stehplatz 立見席
einen Platz reservieren 座席を予約する
bekommen 入手する
reservieren 予約する
bestellen 注文する / 予約する
holen 取ってくる / 取りにいく

346

● 友人との会話

A: Ihr wollt heute ins Theater, oder? Habt ihr schon Tickets?
B: Nein, noch nicht. Wir werden zuerst an der Abendkasse fragen.
A: Auch wenn es keinen Platz mehr gibt, könnt ihr wahrscheinlich Stehplätze bekommen.

A：今日、芝居を見に行くつもりなんだよね？チケットはあるの？
B：いいえ、まだなの。まず当日券売り場で聞くことにするわ。
A：もう席がなかったとしても、立見席なら多分手に入るよ。

..., oder?　〜ですよね、それとも？
（nicht wahr と同様の付加疑問的用法）
auch wenn ...　〜だとしても

347

● 知人との会話

A: Haben Sie schon Karten bestellt?
B: Ja, für morgen habe ich drei Plätze reserviert. Auch für Sie.
A: Danke. Wenn Sie wollen, kann ich heute die Karten holen.

A：もうチケットを予約されました？
B：ええ、明日のために３席、予約しました。あなたのもありますよ。
A：ありがとうございます。もしよかったら、今日、チケットを取りに行きましょうか。

348

● 劇場で

A: Wissen Sie, wo Ihr Platz ist? Kann ich mal Ihr Ticket sehen?

B: Ja, bitte.

A: Einen Moment ... In der vierten Reihe, Sitz sechs. Sie sind also ganz vorne.

A：席がどこだかおわかりですか？チケットを見せていただけますか？

B：ええ、お願いします。

A：お待ちください…。4 列目の座席 6 です。ということはずっと前の方になりますね。

349

● よく使われる形容詞・名詞

gut	良い	komisch	おかしい
schlecht	悪い	spannend	ドキドキする / わくわくする
schön	素晴らしい	**beliebt**	人気がある
interessant	面白い / 興味深い		
langweilig	退屈な	der Star, -s/-s	スター
lustig	面白い / 楽しい	das Orchester, -s/-	オーケストラ
bekannt	有名な	die Oper, -/-n	オペラ
		der Hit, -(s)/-s	ヒット

男性形	女性形	
der Regisseur, -s/-e	die Regisseurin, -/-nen	演出家 / 映画監督
der Schauspieler, -s/-	die Schauspielerin, -/-nen	俳優
der Hauptdarsteller, -s/-	die Hauptdarstellerin, -/-nen	主演
der Musiker, -s/-	die Musikerin, -/-nen	音楽家 / 演奏家
der Sänger, -s/-	die Sängerin, -/-nen	歌手

350

10 イベント

die Sportveranstaltung, -/-en スポーツのイベント / 競技会

das Festival, -s/-s フェスティバル / お祭り

die Diskussion, -/-en 議論 / 討論 / ディスカッション

der Eintritt, -(e)s/-e 入場 / 入場料

der Eintritt frei sein 入場無料

es gibt et⁴/j⁴ 物⁴がある / 人⁴がいる

statt|finden 催される

beginnen 始まる / 始める

an|fangen 始まる / 始める

organisieren 企画をする / 手筈を整える

aus|fallen *(s)* （プログラムなどが）中止になる

frei sein （入場料が）無料の

ausverkauft sein 売り切れた

öffentlich 公の

privat 私的な / プライベートな

(von- bis-) **geöffnet sein** （〜時から〜時まで）開いている

geschlossen sein 閉まっている

351

● 友人との会話

A: Gehen wir am Samstag zu einem Festival!

B: Hast du schon ein Ticket?

A: Ticket? Wieso? Ist der Eintritt nicht frei?

A：土曜日にフェスティバルに行こうよ。

B：チケットはあるの？

A：チケット？なんで？入場無料じゃないの？

352

● 劇場での会話

A: Hast du die Durchsage verstanden?

B: Ja, es ist unglaublich, dass das Programm heute ausfällt.

A: Warum denn? Ich habe mich so sehr darauf gefreut ...

A：アナウンスわかった？

B：ああ、信じられないよ。今日のプログラムが中止だなんて。

A：どうして？長いこと楽しみにしていたのに。

旅行

353

1 旅行の計画

die Gruppe, -/-n　グループ
die Reise, -/-n　旅行
die Gruppenreise　グループ旅行
die Weltreise　世界旅行
eine Reise machen　旅行する
der Ausflug, -(e)s/-flüge　遠足 / 日帰り旅行
einen Ausflug machen　遠足に行く
die Fahrt, -/-en　（乗り物を使った）旅行 / ドライブ
das Ausland, -s/（単数のみ）　外国
im Ausland sein　外国にいる
ins Ausland fahren　外国へ行く

das Reisebüro, -s/-s　旅行会社 / トラベルオフィス
der Plan, -(e)s/Pläne　プラン

organisieren　（旅行の）企画をする
planen　計画を立てる
reisen *(s)*　旅行する
buchen　予約する
reservieren　予約する

pauschal　込みで / 一括して / パックで

354

● 知人との会話

A : Am letzten Wochenende haben wir einen Ausflug gemacht.

B : Wie war's?

A : Es hat leider ein bisschen geregnet,
aber es war doch schön.

> Wie war's? = Wie war es?

A : この間の週末に日帰り旅行に行ったんです。

B : どうでした？

A : あいにく少し雨に降られたんですが、良かったですよ。

355

● 学生の会話

A : Was hast du in den Sommerferien vor?

B : Ich möchte gern ins Ausland. Ich habe mich aber noch nicht entschieden, wohin.

A : Ich möchte auch gerne eine Reise, sogar eine Weltreise machen. Dafür habe ich aber kein Geld ...

> sich4 über et4/für et4 entscheiden 物4について／物4と決める
> dafür da は die Reise を受ける

A : 夏休みに何する予定なの？

B : 外国に行きたいの。でも、どこにするか、まだ決めていないわ。

A : 僕も旅行、それも世界一周旅行がしたいんだ。でもそのための金がなくって…

356

● 知人との会話

A : Die nächste Reise nach Spanien habe ich in einem Reisebüro pauschal gebucht.

B : Schön. Haben Sie schon einen Reiseführer gekauft?

A : Ja, schon, allerdings habe ich ihn noch nicht gelesen. Unterwegs werde ich ihn genau studieren.

A : 次のスペイン旅行ですが、旅行会社でパックで予約しました。

B : いいですね。もう旅行ガイドは買いましたか？

A : ええ、もちろん。でもまだ読んでいませんけど。途中でじっくりと見てみるつもりです。

357

2 観光

der Tourist, -en/-en　観光客
die Touristin, -/-nen　観光客
die Information, -/-en　観光案内所
die Touristeninformation　観光案内所
das Verkehrsamt, -(e)s/-ämter　観光案内所 / 観光協会
der Stadtplan, -s/-pläne　市内地図
der/das Prospekt, -(e)s/-e　パンフレット
der Führer, -s/-　ガイド / ガイドブック
der Reiseführer　旅行ガイド
das Souvenir, -s/-s　お土産
die Saison, -/-s または -en　（観光）シーズン

die Führung, -/-en　ガイド / 案内
die Rundfahrt, -/-en　遊覧 / 周遊
die Stadtrundfahrt　市内観光ツアー

besichtigen　見学する
besuchen　訪れる

unterwegs　（旅の）途中で / 外出中に
auf dem Weg　途中で
auf der Reise　旅行中に
auf der Fahrt
（車や電車などで移動中に）途中で

358

● 観光案内所で

A: Haben Sie einen Stadtplan?
B: Hier, bitte. Möchten Sie auch ein Prospekt dazu?
A: Ja, gerne!

A：市内地図はありますか？
B：はい、どうぞ。パンフレットもいかがですか？
A：ええ、お願いします。

dazu　それに加えて
Ja, gerne!「～しませんか？」、「～はいかがですか？」と聞かれたときに、賛意を表す

359

● 旅先での友人との会話

A: Machen wir heute eine Stadtrundfahrt?
B: Oder wollen wir alleine zum Schloss gehen?
A: Ohne Führung kann man es aber nicht besichtigen.

A：今日は市内観光ツアーに行かない？
B：私たちだけで宮殿に直接行くのはどう？
A：でも、そこはガイドが付かないと見学できないよ。

360 ● ドイツにおける友人との会話

A: Wie war die Reise?

B: Die war zwar sehr schön, aber es gab zu viele Touristen ...

A: Na, klar. Jetzt ist schon Saison! Und wart ihr auch in Weimar?

B: Ja, und auf dem Weg nach Weimar sind wir in Halle ausgestiegen und haben die Stadt besichtigt.

A：旅行、どうだった？

B：すごく良かったけど、観光客が多すぎて…。

A：そりゃそうさ。今はもう観光シーズンなんだから。で、君たちはワイマールにも行ったの？

B：ええ、それでワイマールに行く途中ハレで降りて、街を見物したわ。

> zwar ..., aber ...　確かに…だが、しかし…
> wart　sein の過去形

361 ● 名所

die Sehenswürdigkeit, -/-en	名所	das Schloss, -es/Schlösser	宮殿 / （貴族の）館
der Dom, -(e)s/-e	大聖堂	die Burg, -/-en	城 / 城砦
die Kirche, -/-n	教会	der Turm, -(e)s/Türme	塔
das Kloster, -s/Klöster	修道院	**das Museum**, -s/Museen	博物館
der Tempel, -s/-	神殿 / 寺院		
der Schrein, -s/-e	神殿 / 神社		

362

3 駅・乗車券

der Zug, -(e)s/Züge　列車
die Bahn, -/-en　鉄道
die Fahrkarte, -/-n　切符 / 乗車券
der Fahrschein, -(e)s/-e　切符 / 乗車券
das Billett, -(e)s/-s　切符 / 乗車券
die Rückfahrkarte, -/-n　往復切符
das Retourbillett, -(e)s/-s　往復切符
das Ziel, -(e)s/-e　目的地
der Platz, -es/Plätze　席
einen Platz reservieren　席を予約する
der Sitz, -es/-e　座席
die Station, -/-en　駅 / 停留所
die Endstation　終着駅
der Schalter, -s/-　窓口
der Zuschlag, -(e)s/-schläge　追加料金

frei sein　（席が）空いている
besetzt sein　（席が）ふさがっている

363

● 関連用語

einmal　1 枚
zweimal　2 枚
dreimal　3 枚
hin und zurück　往復
hin und retour　往復
einfach　片道で
einfache Fahrt　片道
erste Klasse　1 等（車）
zweite Klasse　2 等（車）

364

● 駅の切符売り場で

A: Einmal nach München, zweite Klasse, bitte!
B: Wollen Sie hin und zurück?
A: Nein, nur einfach, bitte!

A：ミュンヘン 1 枚、2 等でお願いします。
B：往復になさいますか？
A：いえ、片道のみでお願いします。

● 駅の切符売り場で

A: Entschuldigung, ich fahre mit diesem Zug nach Hamburg, und möchte nun einen Platz im Liegewagen reservieren. Die Fahrkarte habe ich schon. Wie viel kostet der Zuschlag?
B: 16,40 Euro für Sechser-Liegewagen und 23 Euro für Vierer.
A: Den billigeren Platz, bitte.

> A: すみません、この列車でハンブルクへ行くんですが、簡易寝台車を予約したいんです。切符は持っています。追加料金はいくらになりますか？
> B: 6人用でしたら16.4ユーロ、4人用だと23ユーロです。
> A: 安いほうの席をお願いします。

4 駅

der Bahnhof, -(e)s/-höfe	駅	**an|kommen** (s)	到着する
der Hauptbahnhof	中央駅	**ab|fahren** (s)	出発する
die Verbindung, -/-en	（列車の）接続/連絡	**ab|holen**	受け取る/迎えに行く
		j⁴ vom Bahnhof abholen	人⁴を駅に迎えに行く
die Ankunft, -/（単数のみ）	到着		
die Abfahrt, -/-en	出発	verpassen	乗り遅れる
das Gleis, -es/-e	番線	es eilig haben	急いでいる
der Bahnsteig, -(e)s/-e	（プラット）ホーム	**ab**	（～時）発
der Perron, -s/-s （プラット）ホーム 🇨🇭		**an**	（～時）着
der Fahrplan, -s/-pläne	時刻表	gerade	ちょうど
die Durchsage, -/-n	構内放送		

● 駅のインフォメーションで

A: Wann fährt der Zug nach Köln ab?
B: Um 13.43 Uhr, auf Bahnsteig 6.
A: Wie lange braucht er?
B: Etwa drei Stunden.
A: Danke!

> A: ケルン行きの列車はいつ出ますか？

B：13時43分、6番ホームです。

A：どのくらいかかりますか？

B：約3時間です。

A：どうも。

368

● 駅での友人との会話

A: Warum hast du es so eilig?

B: Hast du die Durchsage nicht gehört? Unser Zug fährt von einem anderen Gleis ab! Schnell, schnell! Sonst werden wir den Zug verpassen.

A：どうしてそんなに急いでいるの？

B：構内アナウンスが聞こえなかった？私たちの乗る列車が別のホームから出るんだ！ほら急いで！でないと列車に乗り遅れるよ。

369

● 列車・車両の種類

der Eilzug, -(e)s/-züge　快速列車

der Schnellzug　急行列車

der Intercity/IC, -s/-s　インターシティー

der Eurocity/EC, -(s)/-s　ユーロシティー

der ICE, -s/-s
ICE（= Intercity-Expresszug）

der Wagen, -s/- (Wägen)　（鉄道の）車両

der Liegewagen　クシェット/簡易寝台車

der Schlafwagen　寝台車

der Speisewagen　食堂車

◉ ヨーロッパの禁煙事情

最近、ヨーロッパでも公共の場における喫煙が法的に禁止される傾向にあります。これはドイツ語圏の鉄道でも例外ではなく、コンパートメント（Abteil）ごとの分煙から、全車両で禁煙に変わりました。駅の構内も一部の喫煙場所を除いて原則禁煙です。違反すると高い罰金が課せられますので、喫煙者（Raucher/-in）は注意が必要です。

370

5 空港

das Ticket, -s/-s	航空券	**an|kommen** *(s)*	到着する
der Flughafen, -s/-häfen	空港	in 場所 ankommen	場所に到着する
die Maschine, -/-n	飛行機	**landen** *(s)*	着陸する
der Flug, -(e)s/Flüge	フライト / 便	am Flughafen landen	空港に到着する
die Ankunft, -/（単数のみ）	到着	in Japan landen	日本に到着する
der Abflug, -(e)s/-flüge	（飛行機の）出発		
die Abflugzeit, -/-en	出発時間		
der Aufenthalt, -(e)s/-e	滞在		

男性形	女性形	
der Passagier, -s/-	die Passagierin, -/-nen	（飛行機や船の）乗客
der Pilot, -en/-en	**die Pilotin**, -/-nen	パイロット
der Flugbegleiter, -s/-	die Flugbegleiterin, -/-nen	客室乗務員

371

● 知人との会話

A: Mein Bruder kommt heute nach zweijährigem Aufenthalt in den USA wieder nach Japan zurück.

B: Landet er am Flughafen Narita?

A: Nein, er kommt in Osaka an.

A：兄が今日、アメリカでの２年の滞在を終え、日本へ帰ってくるんです。

B：お兄さんは成田空港に到着するんですか？

A：いいえ、大阪に着きます。

372

● 友人との会話

A: Wann ist die Abflugzeit deiner Maschine?

B: Um 14 Uhr. Der Flug dauert ca. 12 Stunden.

A: Dann landest du morgen in der Früh in Japan, nicht wahr?

A：あなたの便の出発時間は？

B：14 時。飛行時間は約 12 時間なんだ。

A：だったら明日の早朝に日本に到着するのね？

373

6 荷物

der Koffer, -s/- トランク

die Tasche, -/-n カバン

die Reisetasche 旅行カバン

das Gepäck, -(e)s/（単数のみ） 荷物

die Gepäckaufbewahrung, -/-en 手荷物一時預かり

die Gepäckannahme, -/-n 荷物受付所

packen 荷造り / パッキングする

ein|packen （荷物を）詰める

aus|packen （荷物を）ほどく

auf|geben 委託する

das Gepäck aufgeben 荷物の輸送を委託する

liegen lassen （所持品を）置き忘れる / 置いたままにしておく

et⁴ lassen 物⁴を預ける

holen 取ってくる

vergessen 忘れる

374

● 家族の会話

A: Hast du nur diese Tasche zum Mitnehmen?

B: Nein, ich muss noch schnell zwei Koffer einpacken.

A: Noch zwei Koffer? Dann solltest du besser dein Gepäck auf dem Bahnhof aufgeben.

A：持って行くのはこのカバンだけ？

B：ううん、これからトランクを２つ、急いでパッキングしないといけないの。

A：あとトランク２つあるの？だったら、駅で荷物を送ってもらいなよ。

375

● 駅での親子の会話

A: Hast du alles dabei? Nichts vergessen?

B: Moment. Ich habe meine Fahrkarte im Auto liegen lassen.

A: Geh sie schnell holen!

A：すべて持った？忘れ物はない？

B：ちょっと待って。切符を車の中に置いてきちゃった。

A：早く取りに行ってらっしゃい！

> et⁴ dabei|haben　物⁴を携帯している / 持ち合わせている
> Nichts vergessen?　文頭の Hast du が省略されている。

376 **● 駅での友人との会話**

A: Schau, der Zug ist schon weg!

B: Kein Problem. Dann gehen wir jetzt in die Stadt!

A: Warte mal. Ich möchte dann zuerst zur Gepäckaufbewahrung und mein Gepäck dort lassen.

A：ほら、もう電車が行っちゃったよ！

B：問題ないよ。だったら、これから街に行こうよ！

A：待ってよ。それだったら、まず手荷物一時預かりへ行って荷物を預けてくるから。

Warte　warten の du に対する命令形
mal　文意を強める心態詞

377

7 宿泊

das Zimmer, -s/-　部屋
das Einzelzimmer（略：EZ）　シングルルーム
das Doppelzimmer（略：DZ）　ツイン / ダブルルーム
ein Zimmer reservieren　部屋を予約する
die Nummer, -/-n（略：Nr.）　番号
die Zimmernummer　部屋番号
der Schlüssel, -s/-　鍵
der Zimmerschlüssel　部屋の鍵
das Formular, -s/-e　記入用紙
ein Formular ausfüllen　用紙に記入する
die Rezeption, -/-en　フロント
der Frühstücksraum, -(e)s/-räume　（朝食用）食堂
der Speisesaal, -(e)s/-säle　食堂
die Dusche, -/-n　シャワー
mit / ohne Dusche　シャワー付き / なし

das Bad, -(e)s/Bäder　バス / 風呂
mit / ohne Bad　バス付き / なし
das Frühstück, -(e)s/-e　朝食
mit / ohne Frühstück　朝食付き / なし
die Rechnung, -/-en　勘定
die Hotelrechnung　ホテル代
die Halbpension, -/-en（略：HP）　2 食付宿泊
die Vollpension, -/-en（略：VP）　3 食付宿泊
das Büffet, -(e)s/-e　ビュッフェ形式の食事

wecken　起こす
sich⁴ an|melden　チェックインする
sich⁴ ab|melden　チェックアウトする
ein|checken　チェックインする
aus|checken　チェックアウトする

旅行

378

● ホテルへの問い合わせ

A: Haben Sie ein Doppelzimmer mit Bad frei?

B: Mit Bad haben wir leider keins, aber mit Dusche.

A: Ist es mit Frühstück oder ohne?

B: Mit Frühstück.

> keins（不定代名詞）
> = kein Doppelzimmer mit Bad

A：バス付きのダブルルームは空いていますか？

B：バス付きの部屋はないのですが、シャワー付きならあります。

A：朝食付きですか、それとも朝食なしですか？

B：朝食付きです。

379

● ホテルのレセプションで

A: Kann ich schon einchecken?

B: Ja, bitte.

A: Mein Name ist Sato und ich habe ein Einzelzimmer reserviert.

B: Herr Sato ... Ja. Können Sie bitte dieses Formular ausfüllen?

A：もうチェックインできますか？

B：ええ、どうぞ。

A：佐藤と申します。シングルを予約した者ですが。

B：佐藤さま…。あ、はい。この用紙に記入していただけますか？

380

● ホテルのレセプションで

A: Ihre Zimmernummer ist 401, im vierten Stock. Hier ist Ihr Schlüssel, bitte.

B: Danke. Wo ist der Lift?

A: Dort links. Frühstück ist ab sieben Uhr im Frühstücksraum im ersten Stock.

B: Können Sie mich bitte morgen um sechs Uhr wecken?

A: Selbstverständlich.

A：お部屋は 4 階の 401 号室になります。鍵をどうぞ。

B：どうもありがとう。エレベータはどこですか？

A：そこの左にあります。朝食は 7 時から 2 階の食堂でできます。

B：明日 6 時に起こしてもらえますか？

A：もちろんです。

381 ● 主な宿泊施設

das Hotel, -s/-s　ホテル
das Gasthaus, -es/-häuser　（小規模な）レストラン兼用の旅館
der Gasthof, -(e)s/-höfe　レストラン兼用のやや大規模なホテル
die Pension, -/-en　ペンション
die Jugendherberge, -/-n　ユースホステル
der Campingplatz, -es/-plätze　キャンプ場

382

8 入国手続き

die Botschaft, -/-en　大使館
der Pass, -es/Pässe　パスポート
der Reisepass　パスポート / 旅券
der Ausweis, -es/-e　証明書
der Personalausweis　身分証明書
der Studentenausweis　学生証
das Dokument, -(e)s/-e　書類
das Papier, -s/-e（複数で）　身分証（パスポートなど）
das Visum, -s/Visa または Visen　査証 / ビザ
der Ausländer, -s/-　外国人
die Ausländerin, -/-en　外国人
der Zoll, -(e)s/Zölle　税関 / 関税
Zoll bezahlen　関税を払う
die Nationalität, -/-en　国籍
die Staatsangehörigkeit, -/-en　国籍
die Staatsbürgerschaft, -/-en　国籍
die Grenze, -/-n　国境

kontrollieren　税関チェックをする
mit|nehmen　携帯する

gültig　有効な
o.k. / O.K. / okay　了解 / オッケー

383 ● ヨーロッパの税関で

A : Kommen Sie bitte hierher. Ihren Reisepass, bitte! Haben Sie etwas zu deklarieren?

B : Ich habe meinen Computer dabei. Muss ich dafür Zoll bezahlen?

A : Sie nehmen ihn ja wieder nach Japan mit, nicht wahr? Dann brauchen Sie ihn nicht zu verzollen.

> dafür　da は Computer を受ける
> brauchen zu 不定詞　～する必要がある
> et^4 verzollen　物 ^{4} の関税を払う

A：こちらへ来てください。パスポートをお願いします。何か申告するものはありますか？

B：コンピューターを持っているんですが、それに関税を払わなければならないんでしょうか？

A：日本へ持ち帰るのですよね？　それでしたら、払う必要はありません。

384

● 友人との会話

A: Ich wurde diesmal am Flughafen ganz genau kontrolliert.

B: Wieso? Braucht ihr noch ein Visum?

A: Nein. Ich hatte zu viel Gepäck dabei. Das war aber schon O.K.

> wurde ... kontrolliert
> 受動の過去形

A：今回、空港で厳密にチェックされちゃった。

B：何で？まだビザが必要なの？

A：いいや。荷物が多すぎたからさ。でも別に大丈夫だったけどね。

◉ パスポート・ビザ

「出入国の際にはパスポート検査がある」というのは当たり前のことのようですが、EU のシェンゲン協定加盟国間を移動する場合には基本的に当てはまりません。確かに、昨今のテロ対策で検査も徐々に厳しくなりつつあり、また EU で問題となっている不法移民との関連で、警官が路上で外国人に職務質問をしてパスポートや身分証をチェックしている姿も時々見受けられます。しかし以前と比べて検査はかなり簡略化されてきています。

旧東欧圏で、以前日本人が必要だった査証 / ビザ（das Visum）は、EU 加盟国では不必要となりました。ただし、留学や仕事などで長期間滞在する場合は、ドイツやオーストリアでも滞在許可証（die Aufenthaltsgenehmigung）を取らなければなりません。

滞在国で働くためには、基本的に労働許可証（die Arbeitsgenehmigung）を取得しなければなりません。アルバイトについては、現地の大学などで勉強するための学生ビザ（das Studentenvisum）を持っていると、ドイツでは一定時間数であれば認められますが、オーストリアでは原則就労禁止など、国によって対応が異なります。

385

9 郵便

die Post, -/（通常単数形）	郵便局 / 郵便	**schicken**	送る
die Karte, -/-n	葉書 / カード	eine Karte / einen Brief schicken	葉書 / 手紙を送る
die Postkarte	郵便葉書		
die Ansichtskarte	絵葉書	ein Paket schicken	小包を発送する
der Brief, -(e)s/-e	手紙	Geld schicken	送金する
die Briefmarke, -/-n	切手	**bekommen**	受け取る / もらう
das Paket, -(e)s/-e	小包	**kosten**	費用がかかる
das Porto, -s/-s または Porti	郵送料	**an|kommen** *(s)*	（荷物が）到着する
die Adresse, -/-n	住所 / 宛て先		
der Absender, -s/-	差出人 / 発信人	**an j^4**	人^{4}宛て
der Empfänger, -s/-	受取人	express	速達で

386

● 郵便局で

A : Ich hätte gern Briefmarken für diese Ansichtskarten.

B : Inland oder Ausland?

A : Nach Japan, bitte.

B : Wie viele haben Sie?

A : Insgesamt sechs Stück.

A：この絵葉書用の切手が欲しいんですが。

B：国内ですか、国外ですか？

A：日本宛でお願いします。

B：何枚お持ちですか？

A：全部で 6 枚です。

387

● 友人との会話

A : Ist mein Paket gut angekommen?

B : Ja, ich habe es gestern bekommen.

A : Erst gestern? Ich habe es dir schon vorletzte Woche geschickt ...

A：小包、ちゃんと届いた？

B：うん、昨日受け取ったよ。

A：昨日やっと？でも、それ君に先々週には発送したんだけど…。

◉ 郵便事情

手紙や小包を送る際には、左上に差出人（Absender）の名前と住所、右中央から右下にかけて受取人（Empfänger）の名前と住所を書きます。日本と同じように小包用の箱は郵便局でも買えます。「速達」、「書留」など様々なサービスがありますが、国によって名称や条件が異なるため、確認が必要です。

388

10 銀行

die Bank, -/-en	銀行
die Kasse, -/-n	銀行 / 信用金庫
der Schalter, -s/-	窓口
das Konto, -s/-s または Konten	銀行口座
die Kreditkarte, -/-n	クレジットカード
der Kurs, -es/-e	レート
der Wechselkurs	為替レート
wechseln	両替する / お金をくずす
in Euro wechseln	ユーロに両替する
in Kleingeld wechseln	お金をくずす
et^4 in et^4 wechseln	物^{4}を物^{4}に両替する
sparen	貯蓄する

389

● 主な通貨

der Yen	日本円
der Euro	ユーロ
der Cent	セント
der Dollar	ドル
der Franken	スイス・フラン
der Rappen	ラッペン、サンチーム（1 フランの 100 分の 1）

390

● 銀行で

A : Kann man hier japanische Yen in Euro wechseln?

B : Ja, gehen Sie bitte zum Schalter eins.

A : Danke!

A：ここで日本円をユーロに両替できますか？

B：ええ、一番窓口に行ってください。

A：ありがとうございます。

391
● 銀行で

A : Wie viel Euro bekomme ich für 10.000 Yen?

B : Moment ... Hier ist der Wechselkurs von heute.

A : Danke.

A：１万円で何ユーロになりますか？

B：ちょっとお待ちください。これが今日の為替レートです。

A：どうもありがとう。

392
● 友人との会話

A : Ich habe nicht mehr so viel auf dem Konto ...

B : Hast du gar nichts gespart?

A : Etwas schon. Aber letzten Monat habe ich mit der Kreditkarte zu viel eingekauft ...

et[4] auf dem Konto haben
～[4]が口座にある

A：口座にもうそれほど残金がないや。

B：全然貯めてなかったの？

A：少しは貯めたんだ。でも先月、クレジットカードで買い物しすぎちゃって…。

統一通貨ユーロ

以前、ドイツではマルク（Mark/D-Mark =100 Pfennig）、オーストリアではシリング（Schilling = 100 Groschen）が使われていましたが、2001 年 1 月 1 日のユーロ導入に伴い、EU のユーロ圏ではそれまでの通貨が廃止されユーロに統一されました。

393

11 トラブル

die Polizei, -/-en（通常単数形）	警察 / 警察署
der Polizist, -en/-en	警官
die Polizistin, -/-nen	警官
das Fundbüro, -s/-s	遺失物保管所
der Arzt, -es/Ärzte	医者 / 医師
die Ärztin, -/-nen	医者 / 医師
das Krankenhaus, -es/-häuser	病院
im Krankenhaus liegen	入院している
das Spital, -s/Spitäler	病院
der Krankenwagen, -s/-	救急車
die Rettung, -/-en	救助 / 救急車
die Feuerwehr, -/-en	消防署 / 消防隊
das Feuer, -s/-	火災 / 火事
die Hilfe, -/-n	救援 / 助け
der Unfall, -(e)s/Unfälle	事故

holen	呼んでくる / 呼びにいく
rufen	叫ぶ / 呼びとめる
helfen	助ける
j^3 helfen	人^{3}を助ける
verlieren	失くす
suchen	探す
finden	見つける
brennen	炎上する / 燃える
tot sein	死んでいる
verletzt sein	怪我をしている
Hilfe!	助けて！
Feuer!	火事だ！

394

● 路上で

A : Suchen Sie was?

B : Ich finde meinen Reisepass nicht ...
Ich habe ihn vielleicht irgendwo verloren ...

A : Dann sollten Sie am besten zur Polizei gehen.

was= etwas

A：何かお探しですか？

B：私のパスポートが見つからないんです…。ひょっとしてどこかで失くしたのかな…。

A：それでしたら、警察へ行くのが一番ですよ。

395 **● 知人との会話**

A : Auf der Reise ging es mir so schlecht und ich musste zum Arzt.

B : Wirklich? Haben Sie dann im Krankenhaus gelegen?

A : Gott sei Dank nicht. Es ging mir noch am selben Tag besser.

A：旅行中、気分がひどく悪くなって、医者に行かなければならなかったんです。

B：本当ですか？じゃあ入院されたんですか？

B：いいえ、幸いにもそれは免れまして、その日のうちに良くなりました。

396 **● 火災現場で**

A : Da brennt etwas! Feuer!

B : Ruf bitte schnell die Feuerwehr!

C : Hol den Rettungswagen! Mein Mann ist verletzt!

A：あそこで、何か燃えてる！火事だ！

B：早く消防車を呼んで！

C：救急車を呼んできて！夫が怪我をしているの！

旅行

健康

397

1 身だしなみ

die Seife, -/-n　石鹸
mit Seife waschen　石鹸で洗う
das Handtuch, -(e)s/-tücher　ハンドタオル
die Kosmetik, -/（単数のみ）　化粧品
der Spiegel, -s/-　鏡
das Taschentuch, -(e)s/-tücher　ハンカチ
die Wäsche, -/-n（通常単数形）　洗濯物（衣類や布製品など）
Wäsche waschen　洗濯物を洗う
die Reinigung, -/-en　クリーニング / クリーニング店
et^4 zur Reinigung bringen　物^4 をクリーニングに出す
die Putzerei, -/-en　クリーニング店 

der Friseur, -s/-e　美容師
die Friseurin, -/-nen　美容師
zum Friseur gehen　美容院 / 床屋に行く

waschen　洗う
sich^3 die Haare waschen　洗髪する
putzen　磨く / 掃除する
sich^3 die Zähne putzen　歯みがきをする
baden　入浴する
sich^4 duschen　シャワーを浴びる
sich^4 rasieren　ひげ / 毛を剃る
sich^4 schminken　化粧する

sauber　清潔な / きれいな / 洗濯された
schmutzig　汚れている

398 **● 姉弟の会話**

A : Hast du schon gebadet?

B : Na ja, ich habe mich kurz geduscht und mir die Haare gewaschen.

A : Dann gehe ich jetzt baden. Gibt es noch Seife?

B : Ja, aber nicht mehr so viel.

A：もうお風呂入った？

B：まあね、さっとシャワーを浴びて髪を洗ってきたよ。

A：じゃあ、今度は私がお風呂に入ってこよう。石鹸まだある？

B：うん、でももう残り少ないよ。

399 **● ホームステイ先で**

A : Entschuldigung, Frau Schneider. Kann ich bitte ein Papiertaschentuch haben? Ich habe Schnupfen.

B : Ja, hier bitte. Gute Besserung!

A : Danke schön. Ich habe noch eine Bitte. Ich möchte heute Abend meine Wäsche waschen.

A：すみません、シュナイダーさん。ティッシュ頂けますか？鼻風邪を引いているんです。

B：ええ、これをどうぞ。お大事に。

A：ありがとうございます。それからもうひとつお願いがあります。今晩洗濯したいのですが。

400

2 心身の状態

der Hunger, -s/（単数のみ）空腹 / 飢え

Hunger haben　お腹がすいている

der Durst, -(e)s/（単数のみ）のどの渇き

Durst haben　のどが渇いている

die Toilette, -/-n　トイレ / 化粧室

auf die / zur Toilette gehen　トイレに行く

das WC, -(s)/-(s)　トイレ / 水洗便所

der Schmerz, -es/-en　痛み

schlafen　寝る / 眠る

schlafen gehen　就寝する

ins Bett gehen　就寝する

auf|stehen *(s)*　起きる

auf sein　起きている

fallen *(s)*　転ぶ / 落ちる

weinen　泣く

lachen　笑う

kalt 冷たい / 寒い

j^3 kalt sein 人^{3}にとって寒い

warm 温かい / 暖かい

j^3 warm sein 人^{3}にとって温かい / 暖かい

heiß 暑い / 熱い

j^3 heiß sein 人^{3}にとって暑い / 熱い

hungrig sein 空腹である

durstig sein のどが渇いている

(j^3) weh tun 痛む

401

● 痛みの表現

Mein Bein / Mein Kopf tut weh.　私の脚 / 頭が痛い。

Ich habe Schmerzen am Bein.　私の足に痛みがある。

Ich habe Bauchschmerzen / Kopfschmerzen / Zahnschmerzen.

腹痛 / 頭痛 / 歯痛がある。

402

● 同僚との会話

A : Mein Kopf tut weh und mir ist sehr kalt.

B : Hast du in letzter Zeit viel gearbeitet?

A : Nein, eigentlich nicht.

B : Ich trinke Kaffee, wenn ich Kopfschmerzen habe. Willst du jetzt Kaffee?

A：頭痛がするし、とても寒気がする。

B：最近仕事量は多かったの？

A：いや、そうでもないんだけど。

B：私は頭痛がするときコーヒーを飲むわ。コーヒー今飲む？

403

● 友人との会話

A : Was ist dir passiert?

B : Aua! Vorsicht! Mein Arm tut ziemlich weh.

A : Was hast du denn gemacht?

B : Ich war gestern sehr durstig, wollte schnell was trinken und bin zu Hause die Treppe heruntergefallen.

A：どうしたの？

B：痛い！気をつけて。腕がかなり痛むんだ。

A：いったい何したの？

B：昨日とても喉が渇いていて、何か急いで飲みたくてね、それで自宅の階段から落ちてしまったのさ。

404 ● 体の部位

das Herz, -ens/-en 心臓 / 心
der Hals, -es/Hälse 首 / 喉
der Magen, -s/Mägen 胃 / 腹
der Bauch, -(e)s/Bäuche 腹 / 腹部
der Kopf, -(e)s/Köpfe 頭
das Gesicht, -(e)s/-er 顔 / 顔つき
das Auge, -s/-n 目 / まなざし
die Nase, -/-n 鼻
der Mund, -(e)s/Münder 口
das Ohr, -(e)s/-en 耳

der Zahn, -(e)s/Zähne 歯
das Haar, -(e)s/-e 髪
der Rücken, -s/- 背中
der Arm, -(e)s/-e 腕
die Hand, -/Hände 手
der Finger, -s/- 指
das Bein, -(e)s/-e 脚
das Knie, -s/-n 膝
der Fuß, -es/Füße 足

405

3 体調

aus|sehen ～のように見える
aus|schauen ～のように見える
müde aussehen / ausschauen
疲れているように見える

Wie geht es Ihnen?
お元気ですか？(Sie に対して)

Wie geht es dir?
元気？（du に対して）
Wie geht's? 元気？お元気ですか？
Es geht mir gut. 元気です。
im Moment 今 / 今の時点

406 ● 体調を表す形容詞など

sehr gut とても元気
gut 調子が良い
ganz gut まあまあ元気
nicht schlecht 悪くない / 良い
es geht まあまあ
schlecht 調子が良くない
kaputt くたくた / 疲労困憊した

nervös
神経質になっている / いらいらしている
ruhig 冷静である / 落ち着いている
stark 元気である / 丈夫な
schwach 元気がない / 弱々しい
müde 眠い / 疲れた

407

● 知人との会話

A: Wie geht es Ihnen? Ich habe Sie lange nicht gesehen.

B: Es geht mir im Moment nicht so gut. Ich war zwei Monate in Deutschland.

A: Haben Sie dort gearbeitet?

B: Ja, genau. Ich bin kaputt.

A：調子はいかがですか？長いことお目にかかっていませんでしたね。

B：この頃、調子はあまりよくありません。二か月ほどドイツに行っていました。

A：ドイツでお仕事されていたんですか？

B：ええ、その通りです。もう、くたくたです。

408

● 友人との会話

A: Was ist? Warum siehst du mich so an?

B: Na ja, du siehst heute so gut aus.

A: Wirklich? Vielleicht weil ich genug geschlafen habe.

A：何？どうしてそんな風に私をじっと見ているの？

B：ああ、まあね。今日はとてもいい顔色をしていると思って。

A：本当？もしかしたらたっぷり寝たからかしら。

409

● 友人との会話

A: Du schaust so schwach aus!

B: Ja, ich bin müde. Bald habe ich einen Test. Vielleicht bin ich nur nervös.

A: Mach dir keine Sorgen! Du machst ihn ganz bestimmt gut.

A：なんだかとてもやつれているね。

B：ああ、疲れていてね。もうすぐテストなんだ。ひょっとしたら、ただいらいらしているだけなのかも。

A：心配いらないよ。あなたならきっとうまくやれるから。

> sich³ keine Sorgen machen
> 心配しない

10

4 病気

die Gesundheit, -/（単数のみ） 健康

das Fieber, -s/（単数のみ） 熱

die Grippe, -/-n インフルエンザ

die Grippe haben インフルエンザにかかる

die Erkältung, -/-en 風邪

eine Erkältung haben 風邪を引いている

die Verkühlung, -/-en 風邪

der Schnupfen, -s/（単数のみ） 鼻風邪

die Ruhe, -/（単数のみ）休息 / 眠り / 平穏

passieren *(s)* 生じる / 起きる

schreien 叫ぶ

sterben *(s)* 死ぬ

an et^3 sterben 物^{3}で死ぬ

leben 生きる

husten 咳をする

schneiden （刃物で）切る / 切開する

gesund sein 健康である

krank sein 病気である

erkältet sein 風邪を引いている

verkühlt sein 風邪を引いている

tot sein 死んでいる

schlimm sein （風邪などの症状が）ひどい

11

● 友人との会話

A : Komm nicht näher, sonst wirst du auch krank!

B : Was hast du? Bist du erkältet?

A : Nein, aber ich habe vielleicht die Grippe.

B : Oh, nein! Gute Besserung!

A：近づかないで、でないとあなたも病気になるわ。

B：えっ、どうしたの。風邪でも引いた？

A：ううん、風邪じゃないけど、もしかしたらインフルエンザかも。

B：それは大変だ！お大事に！

412

● 学生の会話

A : Du siehst heute aber schlecht aus!

B : Ich habe seit gestern nichts gegessen.

A : Aber es ist nicht gut für die Gesundheit.

B : Ja, ich weiß, aber ich habe eine Erkältung und jetzt ein bisschen Fieber.

A：今日、顔色悪いよ。

B：昨日から何も口にしていなくて。

A：でも健康に良くないよ。

B：うん、わかってるけど、風邪引いちゃって、ちょっと熱もあるの。

413

5 病院

die Apotheke, -/-n	薬局
die Drogerie, -/-n	ドラッグストア
das Medikament, -(e)s/-e	薬
Medikamente nehmen	薬を服用する
die Tablette, -/-n	錠剤
Tabletten nehmen	錠剤を飲む
das Krankenhaus, -es/-häuser	病院
ins Krankenhaus gehen	病院へ行く
das Spital, -s/Spitäler	病院
die Praxis, -/Praxen	診療所
das Zimmer, -s/-	病室
der Termin, -s/-e	診察予約時間
einen Termin (beim Arzt) haben	（医者の）診察予約がある
die Sprechstunde, -/-n	診察時間
die Krankenkasse, -/-n	健康保険
besuchen	訪ねる
zum Arzt gehen	医者に行く
verboten sein	禁止されている
gedeckt sein	保険でカバーされている
etwas für j^4/et^4	人^4/物^{4}のための何か
etwas gegen et^4	物^{4}に対してのもの、物^{4}の病気に効く何か

男性形	女性形	
der Arzt, -es/Ärzte	**die Ärztin**, -/-nen	医者
der Zahnarzt	die Zahnärztin	歯医者
der Krankenpfleger, -/-	die Krankenpflegerin, -/-nen	看護師

114 ● 友人との会話

A: Hast du heute Nachmittag etwas vor?

B: Ja, ich gehe zur Apotheke, um Medikamente gegen Halsschmerzen zu holen.

A: Gute Besserung!

B: Danke, aber sie sind für meinen Bruder.

A：今日の午後、何か予定ある？

B：ああ、薬局に、喉の痛みに効く薬を買いに行くんだ。

A：お大事に。

B：ありがとう。でも薬は弟のためなんだ。

115 ● 薬局で

A: Haben Sie etwas gegen Kopfschmerzen?

B: Hier sind Tabletten dagegen.

A: Super! Danke.

A：何か頭痛を和らげるものはありませんか。

B：この錠剤は頭痛に効きますよ。

A：よかった！どうもありがとう。

> dagegen　da は Kopfschmerzen を受ける

116 ● 友人との会話

A: Hast du Zeit, zusammen zu Mittag zu essen?

B: Leider nicht. Ich habe einen Termin beim Arzt.

A: Ach so, schade!

A：ランチ一緒にする時間ある？

B：残念ながらだめだ。医者の予約があるんだ。

A：あっそう、残念！

環境

417

1 都市

die Stadt, -/Städte　都市 / 都会 / 市 / 街
in die / zur Stadt gehen　街に行く / 都会に出る
die Hauptstadt　首都
die Großstadt　大都市
die Kleinstadt　小都市
das Dorf, -(e)s/Dörfer　村 / 田舎
auf dem Dorf　田舎で
der Ort, -(e)s/-e　場所
an allen Orten　いたる所で
vor Ort　その場で
der Platz, -(e)s/Plätze　場所 / 広場
am Platz　広場に（面した）/ 広場で
auf dem Platz　広場で

das Zentrum, -s/Zentren　中心部 / 都心
im Stadtzentrum　街の中心に
der Stadtteil, -(e)s/-e　市の地区 / 区画
der Bezirk, -(e)s/-e　区 / 地区 / 郡
das Leben, -s/-　生活
das Stadtleben　都市生活

zentral liegen　中心に位置する

418 ● 観光案内所で

A: Was kann man im Stadtzentrum machen?

B: Zurzeit können Sie den Weihnachtsmarkt erleben, aber es gibt sicher viele Leute.

A: Aber das macht nichts. Danke.

A：街の中心部では何ができますか？

B：今は、クリスマス市を体験できますよ。ただ人出は多いに違いありません。

A：それは構いません。 ありがとうございます。

419 ● 日本人とドイツ人の会話

A: Wo liegt die Stadt Berlin?

B: In Nordostdeutschland. Berlin ist die Hauptstadt von Deutschland und sehr lebendig.

A：ベルリンはどこに位置しますか？

B：北東ドイツです。ベルリンはドイツの首都でとても活気があります。

420 ● 友人との会話

A: Kommst du aus einer Großstadt? Du siehst immer schick aus.

B: Danke. Unsere Stadt hat etwa drei Millionen Einwohner.

A: Wirklich? Ich möchte auch mal in einer Großstadt leben.

A：大都市から来たの？いつもおしゃれね。

B：ありがとう。僕たちの都市は約 300 万人の人口を抱えているよ。

A：本当に？一度大都市に住んでみたいわ。

421

2 自然：陸・山・緑地

die Erde, -/-n　地球 / 大地

das Erdbeben, -s/-　地震

ein starkes / schwaches Erdbeben　強い / 弱い地震

die Welt, -/-en（通常単数形）　世界 / 天地

das Land, -(e)s/Länder　国 / 地方 / 州 / 田舎

auf dem Land　田舎で / 郊外で

aufs Land gehen　田舎に行く

an Land　陸地で

die Alpen（複数のみ）　アルプス山脈

die Heimat, -/-en　故郷

der Wald, -(e)s/Wälder　森 / 森林地帯
in den Wald gehen　森に行く
der Berg, -(e)s/e　山 / 丘 / 山地 /（複数で）山脈
in die Berge gehen　山に行く
auf dem Berg　山で
das Tal, -(e)s/Täler　谷 / 谷間
der Park, -s/-s　公園
der Nationalpark　国立公園
in den Park gehen　公園に行く
im Park spielen　公園で遊ぶ
tief　深い
flach　平坦な / 浅い

422

● ドイツ人と日本人の会話

A: Wie heißt der höchste Berg in Japan?
B: Fujisan. Er ist 3.776 m hoch und sein Gipfel ist flach.

A：日本で一番高い山は何ですか。
B：富士山です。高さ 3,776 メートルで、山頂は平らです。

423

● 友人の会話

A: Gehen wir am Wochenende aufs Land?
B: Gute Idee. Ich möchte in den Wald gehen.
C: Oder vielleicht können wir in die Berge gehen. Wenn wir aber nicht viel Zeit haben, gehen wir in den Park und machen ein Picknick.

A：週末は田舎へ行かない？
B：いい案ね。私は森へ行きたいわ。
C：または山に行くということもできるかもしれないね。でももし時間があまりないなら、公園でピクニックをしようよ。

424

● 日本のホームステイ先でのドイツ人と日本人の会話

A: Was ist jetzt los?
B: Keine Angst! Das war ein schwaches Erdbeben.
A: Ach, das ist also ein Erdbeben. Ich habe es zum ersten Mal erlebt.
B: Man kann ja nicht überall in der Welt Erdbeben erleben.

A：何が起こっているのですか？
B：大丈夫ですよ。小さい地震です。
A：ああ、これが地震ですか？私は初めて体験しました。
B：世界中のどこでも地震が経験できるわけではないですものね。

425

3 自然：海・川

das Meer, -(e)s/-e 海 / 海洋
Japanisches Meer 日本海
ans Meer fahren （乗り物で）海に行く
die See, -/-n 海
die Nordsee, -/（単数のみ） 北海
die Ostsee, -/（単数のみ） バルト海
der Pazifik, -s/（単数のみ） 太平洋
der See, -s/-n 湖
an den See fahren 湖に行く
der Strand, -(e)s/Strände ビーチ / 磯 / 浜辺
am Strand in der Sonne liegen ビーチで日光浴をする
an den Strand gehen ビーチに行く

der Fluss, -es/Flüsse 川 / 流れ
am Fluss spielen 川辺で遊ぶ
im Fluss schwimmen 川で泳ぐ
die Insel, -/-n 島
auf der Insel 島で
auf die Insel fahren 島に行く

schwimmen *(s, h)* 泳ぐ

426

● 家族の会話

A: Wann fahren wir ans Meer?
B: Am nächsten Wochenende.
A: Ich freue mich schon total darauf!
Was soll ich mitnehmen?

A：私たちはいつ海に行くの？
B：来週末だよ。
A：もうすごく楽しみ！何をもって行けばいい？

total　とても（口語表現）

427

● 恋人同士の会話

A: Fahren wir im Urlaub auf eine kleine Insel?
B: Traumhaft! Wir können dann dort am Strand in der Sonne liegen.
A: Das ist schön!

A：休暇には小島に行く？
B：夢みたい。そうしたらビーチで日光浴することができるわね。
A：それはいいなあ。

428

● 夫婦の会話

A: Wo sind die Kinder?

B: Dort am Fluss spielen sie.

A: Ach, jetzt schwimmen sie schon im Fluss. Gehen wir schnell dorthin!

A：子どもたちはどこ？

B：あそこの川辺で遊んでいるよ。

A：ああ、今はもう川で泳いでいるわ。急いであちらに行きましょうよ！

429

4 自然：草木・花

die Natur, -/-en（通常単数形） 自然 / 天然

der Baum, -(e)s/Bäume 木

der Apfelbaum リンゴの木

der Obstbaum 果樹

die Kiefer, -/-n 松

die Kirsche, -/-n 桜

die Kirschblüte, -/-n 桜の花

Kirschblüten genießen 桜の花を堪能する

die Pflanze, -/-n 植物 / 草木

die Blume, -/-n 花

die Blumen gießen 花に水をやる

die Blumen pflanzen 花を植える

die Rose, -/-n バラ

die Tulpe, -/-n チューリップ

das Blatt, -(e)s/Blätter 葉

schützen 保護する

et^4/j^4 vor et^3 schützen 物^4/ 人^4 を物^3 から守る

wachsen *(s)* （木などが）育つ / 茂る

grün 緑の / 自然の

welk しおれた / 枯れた

430

● 祖母との会話

A: Welche Blume oder Pflanze liebst du am meisten, Oma? Du arbeitest immer im Garten.

B: Ja, ich liebe die Natur. Meine Lieblingsblumen sind Rosen.

A: Dann schenke ich sie dir zum Geburtstag!

> Lieblings- 名詞
> お気に入りの～

A：花や草木で何が一番好きなの、おばあちゃん？いつも庭仕事してるよね。

B：ええ、私は自然がとても好きだからね。一番好きな花はバラよ。

A：じゃあ、お誕生日におばあちゃんにバラをプレゼントしてあげる。

431 ● 夫婦の会話

A : Es ist so heiß heute.

B : Ja, wir müssen unbedingt die Blumen im Garten gießen.

A : Das mache ich nach der Kaffeepause.

B : Danke!

A：今日はとっても暑いね。

B：ええ、庭の花に絶対水をやらなくちゃ。

A：コーヒーブレイクの後に僕がやるよ。

B：助かるわ。

432 ● 公園で

> davor
> da- は前文の「枯れること」を受ける

A : Die Bäume hier sind leider welk.

B : Warum denn? Können Sie die Bäume nicht davor schützen?

A : Das ist sehr schwer. Wir haben in letzter Zeit zu wenig Regen.

A：ここの樹木は残念ながら枯れています。

B：なぜですか？樹木を守ることはできないのですか？

A：それは大変困難です。最近は雨量が少なすぎます。

433

5 自然：生き物

das Tier, -(e)s/-e 動物 / 獣

das Haustier ペット

ein Haustier halten / haben ペットを飼う

der Fisch, -(e)s/-e 魚 / 魚類

der Hund, -(e)s/-e 犬

die Katze, -/-n 猫

das Schwein, -(e)s/-e ブタ

das Schaf, -(e)s/-e ヒツジ

das Huhn, -(e)s/Hühner ニワトリ

das Pferd, -(e)s/-e ウマ

die Kuh, -/Kühe 雌牛

die Schlange, -/-n ヘビ

die Maus, -/Mäuse ネズミ

der Vogel, -(e)/Vögel 鳥

die Taube, -/-n ハト

der Käfig, -s/-e 檻 / 鳥かご（= Vogelkäfig)

der Löwe, -n/-n ライオン

der Bär, -en/-en クマ

der Elefant, -en/-en ゾウ

fliegen *(s)* （鳥などが）飛ぶ

434

● **友人との会話**

A : Hast du ein Haustier?

B : Ja, zwei Katzen.

A : Ist das in deiner Wohnung erlaubt?

B : Ja, deshalb habe ich mich für diese Wohnung entschieden.

A : Aha!

A：ペットを飼ってる？

B：うん、猫を二匹。

A：あなたのマンションでは飼ってもいいの？

B：ああ、だからこのマンションに決めたんだ。

A：なるほど。

435

● **路上で**

A : Haben Sie vielleicht eine weiße Katze gesehen? Meine Katze ist weg.

B : Nein, einen weißen Hund habe ich gesehen, aber keine Katze. Tut mir leid.

A：ひょっとして白い猫見かけませんでしたか？僕の猫がいなくなってしまって。

B：いいえ、白い犬は見たのだけど、猫は見かけなかったわ。悪いわね。

436

● **友人との会話**

A : Kannst du bitte meine Vögel füttern, während ich weg bin?

B : Wie lange bist du weg?

A : Etwa eine Woche. Ich fahre mit meiner Familie in Urlaub.

B : Hmm ...

A：お願いなのだけど、私がいない間、私の鳥に餌をやってもらえる？

B：どのくらい出かけているの？

A：約１週間。家族と休暇に出かけるの。

B：うーん。

● ドイツのペット

ドイツのペットは大変よくしつけられています。街中はもちろん、レストランや電車でもよく見かけます。飼い主のいなくなった動物は Tierheim という動物保護施設に持ち込まれます。ペットが欲しければこの Tierheim に行き、会員料を払って引き渡してもらうこともできます。飼えなくなった場合も引き取ってもらえます。また、日本のようにペットに服を着せたりベビーカーに入れて散歩したりという光景は、ドイツ人にとって非常に奇異に映るようです。

437

6 気候・天気

das Klima, -s/-ta	気候、風土
die Luft, -/Lüfte（単数で）	空気 / 大気
der Himmel, -s/-（単数で）	空 / 天
am Himmel	空に
der Mond, -(e)s/-e（単数で）	月
der Mond strahlt	月が輝く
der Stern, -(e)s/-e	星 / 天体
die Sterne strahlen	星が輝く
die Sonne, -/-n	太陽 / 恒星
in der Sonne liegen	日光浴する
die Wolke, -/-n	雲
der Wind, -(e)s/-e	風
bei starkem / schwachem Wind	強風 / 微風で
scheinen	照る / 光る
die Sonne scheint	日が差す / 照る

438

● 天候を表す形容詞

heiß	暑い
warm	暖かい
kalt	寒い
kühl	涼しい
frisch	すっきりとした
trocken	空気が乾いた
feucht	湿気のある
windig	風がある
schön	晴れた
gut	晴れた
heiter	天気が良い / 晴れ渡っている
sonnig	晴れている / 日が差している
bewölkt	曇っている
besser	天気が回復している
schlecht	天気が悪い

439

● ドイツ人と日本人の会話

A : Wie ist das Klima in Ihrem Land?

B : Wir haben vier Jahreszeiten und die sind sehr verschieden.

A : Ist es dann heiß im Sommer?

B : Das kommt auf die Region an. In Nordjapan ist es nicht so heiß, aber auf der Hauptinsel und in Südjapan wird es sehr heiß und sogar feucht.

A：あなたの国の気候はどんなですか？

B：四季があり、とてもはっきりしています。

A：ということは、夏は暑いのですか？

B：地方によります。 北日本はそんなに暑くないのですが、本州や南日本はとても暑く、しかも蒸します。

> auf et^4/j^4 an|komnen
> 物^4/人^{4}次第である

440

● 恋人同士の会話

A : Schau mal, der Mond strahlt.
Und auch die Sterne am Himmel!

B : Ja, wirklich sehr schön. Aber
es ist jetzt ein bisschen windig und kalt.

A : Gehen wir dann nach Hause.

A：見て、月が輝いている！それに空に星も！

B：ええ、本当にとてもきれいね。でも風がちょっと出てきて寒いわ。

A：じゃあ家に帰ろう。

> Schau mal!　du に対して、関心や注意を促す

441

● ドイツ人と日本人留学生の会話

A : In der Sonne ist es schon richtig warm.

B : Hoffentlich gibt es Wolken. Ich habe keinen Sonnenschirm dabei.

A : Sonnenschirm? Genieß doch den Sonnenschein!

A：陽だまりの中にいるともう本当に暖かい。

B：できればもっと雲が欲しいわ。日傘を持っていないもの。

A：日傘？日差しを楽しまなくちゃ！

442

7 天気予報

das Wetter, -s/-（単数で）	天気 / 気象	**es gibt et**[4]	～の天気である
der Schnee, -s/-	雪	**werden** *(s)*	～の天気になる
der Regen, -s/-	雨	**bleiben** *(s)*	～の天気が続く
im Regen	雨の降る中	**regnen**	雨が降る
bei Regen	雨の際	es regnet	雨が降る
das Gewitter, -/-	嵐 / どしゃ降り	schneien	雪が降る
der Grad, -/-	度	es schneit	雪が降る
bis auf 基数詞 Grad	～度にまで	voraus|sagen	予報する
die Temperatur, -/-en	気温 / 温度		
die Temperatur steigt / sinkt	気温が上がる / 下がる	minus	マイナスの
		minus zwei Grad	マイナス 2 度
die Wettervorhersage, -/-n	天気予報		

443

● 友人との会話

A : Es ist bewölkt und dunkel. Vielleicht kommt ein Gewitter.

B : Komisch, nach der Wettervorhersage soll es heute heiter werden.

A : Das ist bestimmt ein Platzregen.

A：曇っているし、暗いな。どしゃ降りになるかもね。

B：おかしいなあ。天気予報によれば今日は晴れるらしいよ。

A：きっとにわか雨だよ。

> nach ～　～によると
> soll　～だそうだ（伝聞）

444

● 天気予報を聞く家族の会話

A : Heute hat es viel geregnet, aber morgen wird es besser. In Salzburg steigt die Temperatur bis auf 20 Grad und das schöne Wetter bleibt bis Sonntag.

B : Sehr gut! Hast du das gehört?

C : Nein. Wie wird nochmal das Wetter morgen?

A：今日は大雨でしたが、明日の天気は回復するでしょう。
ザルツブルクは気温が 20 度まで上がる見込みです。この天気は日曜日まで続きます。

B：良かった！今の聞いてた？

C：ううん。明日の天気はどうなるって？

> nochmal = noch einmal

Biowetter

ドイツでは天気予報と並んで Biowetter（健康天気予報）がメディアに出てくることがあります。天候が体に及ぼす影響を知らせるものです。リュウマチや偏頭痛、高血圧、心臓病などの持病を持つ人がどのように過ごせば良いかの目安になります。日本の花粉情報と同様のコンセプトでしょう。

社会

445

1 世界情勢

die Welt, -/en 世界

auf der Welt 世界で

der Frieden, -s/- 平和

der Krieg, -(e)s/-e 戦争

der Weltkrieg 世界大戦

die Katastrophe, -/-n 大災害 / 悲劇的結末 / 破局

die Lösung, -/-en 解決

eine Lösung finden 解決策を見つける

der Vertrag, -(e)s/Verträge 条約

der Friedensvertrag 平和条約 / 講和条約

die Konferenz, -/-en 会議

die Situation, -/-en 事態 / 情勢

das Problem, -s/-e 問題

ein Problem lösen 問題を解決する

die Neuigkeit, -/-en ニュース / 新しいこと

die Krise, -/-n 危機

in einer Krise sein 危機にある

die Gefahr, -/-en 危険

in Gefahr sein 危機にある

das Unglück, -(e)s/-e 事故 / 不運

finden 見つける

lösen 解決する

kämpfen 戦う

für et^4/j^4 kämpfen 物^4/ 人^4 のために戦う

gegen et^4/j^4 kämpfen 物^4/ 人^4 に対して戦う

schießen 銃撃する

446

● 学生の会話

A: Warum gibt es auf der Welt immer Kriege, obwohl es klar ist, dass der Frieden wichtig ist!?

B: Weißt du, einige meinen, dass der Krieg auch ein Mittel ist, um Probleme zu lösen.

A: Vielleicht, aber man soll halt eine friedliche Lösung finden, glaube ich.

> um ... zu ～　～するために
> halt　ここでは「それでも」というニュアンス

A：なんでこの世界には今も戦争が起こるんだろう、平和が大事だってことがはっきりしているのにさ。

B：それはね、戦争が問題を解決するための手段だって思っている人がまだいるのよ。

A：そうかもしれないけれど、平和的な解決策を見つけるべきだって僕は思うんだ。

◉ 講和条約（Friedensvertrag）

第一次世界大戦（der Erste Weltkrieg）の後にフランスで講和会議（Friedenskonferenz）が開催され、その結果、1919年6月28日には連合国とドイツとの間でベルサイユ条約（Friedensvertrag von Versailles）が締結されました。それから3か月ほど経った9月10日にはオーストリアもサン･ジェルマン条約（Staatsvertrag von Saint-Germain-en-Laye）に調印しています。しかし、ここに明記された領土の大幅な削減や巨額の賠償金支払いなど、敗戦国にとって過酷とも言える条件は、敗戦国側では憤激をもって迎えられます。大戦中に高揚したナショナリズムが色濃く残る中、自らの敗北を認めようとしない軍部や右翼の動きと相まって、この「平和条約」が第一次世界大戦後のドイツにおける社会不安を助長させる一因となったことが指摘されています。

447

● 世界情勢に使われる形容詞

ernst	深刻な	aktuell	現実問題の / アクチュアルな
gefährlich	危険な	kritisch	危機的な
friedlich	平和的な		

148

2 経済

das Geld, -es/-er（通常単数形）	お金
das Leben, -s/-	生活
die Hilfe, -/-n	助け / 援助
die Kultur, -/-en	文化
die Kritik, -/-en	批判
die Not, -/Nöte	困窮
in Not sein	困窮している
das System, -(e)s/-e	システム / 体制
die Technik, -/-en	技術
die Industrie, -/-n	工業
die Energie, -/-n	エネルギー
der Markt, -(e)s/Märkte	市場
die Wirtschaft, -/-en	経済
der Gewinn, -(e)s/-e	利益
wachsen *(s)*	成長する
helfen	助ける / 支援する
j^3 bei et^3 helfen	人^{3}を物^{3}の際に助ける / 支援する
leben	生きる
kritisieren	批判する
unterstützen	支援する
diskutieren	討論する
mit j^3 über et^4 diskutieren	人^{3}と物^{4}について議論する
reich	金持ちの / 豊かな
arm	貧しい / かわいそう
gleich	同じ
fair	フェアな / 公平な

149

● **知人との会話**

A: Viele Leute haben jetzt wenig Geld und leben in Not.

B: Wegen der Wirtschaftskrise haben sie ihre Arbeit verloren. Sie brauchen Hilfe.

A: Die Frage ist, wie man diesen armen Leuten helfen kann.

A：多くの人がお金がなくてぎりぎりの生活をしているんだね。

B：経済危機で仕事をなくしてしまったんだ。彼らには助けが必要だ。

A：どうやってこのかわいそうな人たちを支援できるかが問題だね。

150

● **友人との会話**

A: Die Wirtschaft ist die letzten Jahre gewachsen. Viele Industrien machen Gewinn.

B: Wird unser Leben dann besser?

A: Darüber kann man diskutieren.

A：近年経済成長しているね。工業分野が利益を上げている。

B：僕たちの生活も良くなるかな。

A：それについては議論の余地があるね。

451

● **友人との会話**

A: Du kritisierst oft die Industrie.

B: Sie sollen mehr Energie sparen.

A: Deine Kritik unterstütze ich.

A：君はよく産業界を批判するけど。

B：もっとエネルギーを節約すべきよ。

A：その批判なら同調するよ。

452

3 政治

die Politik, -/-en（通常単数形） 政治 / 政策

die Außenpolitik 外交政策

die Innenpolitik 内政

die Freiheit, -/-en（通常単数形） 自由

die Partei, -/-en 政党

die Demokratie, -/-n 民主主義

die Stimme, -/-n 票

et³ / j³ die Stimme geben 物³/ 人³ に投票する

die Organisation, -/-en 組織

die Regierung, -/-en 政府 / 政権

die Bundesregierung 連邦政府

wählen 選ぶ

regieren 治める

stark 強い / 強力な

schwach 弱い / 弱小の

frei 自由な

demokratisch 民主的な

dafür sein （そのことに）賛成である

dagegen sein （そのことに）反対である

男性形	女性形	
der Politiker, -s/-	die Politikerin, -/-nen	政治家
der Präsident, -en/-en	die Präsidentin, -/-nen	大統領
der Premierminister, -s/-	die Premierministerin, -/-nen	総理大臣
der (Bundes)kanzler, -s/-	die (Bundes)kanzlerin, -/-nen	（連邦）首相
der Kaiser, -s/-	die Kaiserin, -/-nen	皇帝 / 天皇
der König, -s/-e	die Königin, -/-nen	国王
der Prinz, -en/-en	die Prinzessin, -/-nen	王子 / 公子

453 ● **学生の会話**

A: Interessierst du dich für Politik?

B: Na ja, ich checke immer, was in der Regierung passiert.

A: Mich interessiert mehr die Außenpolitik.

A：政治に興味ある？

B：まあね。政府で何が起こっているかはいつもチェックしているわ。

A：僕は外交政策のほうが興味あるな。

454 ● **ホームステイ先で**

A: Regiert in Japan immer noch der Kaiser?

B: Nein.

A: Wer regiert dann?

B: Es gibt seit langem politische Parteien. Der Premierminister wird von der Regierungspartei gewählt.

> wird...gewählt
> 受動の現在形

A：日本はいまだに天皇が統治しているんですか？

B：いいえ。

A：では、誰が治めているんです？

B：ずっと前から政党があります。 総理大臣は与党から選出されます。

政体と国家元首

1918 年、第一次世界大戦の敗戦と革命を経て、ドイツとオーストリアではそれまでの帝政が崩壊し共和制へと移行しました。もちろん、当時の共和国と、第二次世界大戦をはさんだ現在とでは、大統領の権限や国政のシステムに相違がみられますし、ドイツとオーストリアの体制も同一ではありません。また、早くに独立を勝ち取ったスイスは、直接民主制に代表される独自の政治システムを有しています。ただ、三国とも政治体制としては共和制であり、フランスやアメリカのような実際の政治的権力はないものの、象徴的な国家元首として大統領が存在します。しかし、ヨーロッパにはイギリスやスペイン、北欧諸国、オランダやベルギーなど、国王（もしくは女王）を国家元首とする立憲君主国が、いまだに数多くあることがわかります。

政治に関する予備知識

ドイツ語圏の政治体制

「ドイツ連邦共和国」や「スイス連邦」の名称が示すように、ドイツやオーストリア、スイスは州からなる連邦制を採っていますが、連邦政府や州政府の権限、職名、各省庁の呼び方などは国によって異なります。例えば、スイスやドイツでは教育は基本的に州の管轄であるため、連邦政府には教育を統括する省庁が設置されていませんが、オーストリアには教育芸術文化省（初等・中等教育）および科学研究省（高等教育）が存在します。

455

政府と議会

● ドイツ

ドイツでは、全連邦議会議員および同数の州代表からなる連邦会議（Bundesversammlung）が、大統領の選出のみを目的として召集され、そこで行われる間接選挙により大統領が選ばれます。大統領の任期は5年で、象徴的・儀礼的に国家元首としての任を務めます。国会は二院制で、連邦議会（Bundestag）（定数598議席と若干の超過議席、任期4年）は、比例代表制と小選挙区制を併用した選挙システムにより18歳以上の国民の直接選挙で選出されます。

ワイマール共和国時代に小党乱立で政治が混乱しナチスの台頭を招いたことへの反省から、得票率5%未満の政党は選挙区で直接議席を規定数以上得ない限り議会に進出できません（5% Hürde/Klausel）。連邦首相はこの連邦議会議員の中から選ばれ組閣することになります。これに対し連邦参議院（Bundesrat）（定数69議席）は、人口に応じて3議席から6議席が各州に割り当てられ、それぞれの州政府の代表によって構成されます。

Bundesrepublik Deutschland (BRD)　ドイツ連邦共和国

男性形	女性形	
der Bundespräsident, -en/-en	die Bundespräsidentin, -/-nen	（連邦）大統領
der Bundeskanzler, -s/-	die Bundeskanzlerin, -/-nen	（連邦）首相
der Ministerpräsident, -en/-en	die Ministerpräsidentin, -/-nen	州首相
der Bürgermeister, -s/-	die Bürgermeisterin, -/-nen	市町村長

456

● オーストリア

オーストリアの大統領は任期6年で16歳以上の国民の直接選挙によって選ばれ、外交などにおいて象徴的・儀礼的な国家元首の任を果たします。立法府は国民議会（Nationalrat）（定数183名）と連邦議会（Bundesrat）（定数64）の二院制です。国民議会の任期は5年で、小選挙区制を併用した比例代表制で選出されます。 ドイツと同様に、国民議会選挙で4%以上の得票率が得られなかった政党は、直接議席が獲得できない限り国会への進出を阻まれます。州の代表である連邦議会は、それぞれの州議会から、そこにおける各政党の力関係を反映させた形で選出されます。連邦議会では、人口に応じて3議席（ブルゲンラント州）から12議席（低地エースタライヒ州）までの議席が各州に配分されています。

Bundesrepublik Österreich　オーストリア（連邦）共和国

男性形	女性形	
der Bundespräsident, -en/-en	die Bundespräsidentin, -/-nen	（連邦）大統領
der Bundeskanzler, -s/-	die Bundeskanzlerin, -/-nen	（連邦）首相
der Landeshauptmann, -(e)s/-leute	die Landeshauptfrau, -/-leute	州知事
der Bürgermeister, -s/-	die Bürgermeisterin, -/-nen	市町村長

457

● スイス

スイスは、1291年に森林3州が盟約を結んでハプスブルク家に抵抗した歴史が始まりとされており、そのためドイツ語ではEidgenossenschaft（誓約同盟）と呼ばれます。歴史的に各州の権限が強く、また国民投票（Referendum）や国民請願（Initiative）に代表される直接民主制も定着しています。

国会に当たる連邦議会（Bundesversammlung）は、スイスでも二院制を採用しています。選挙権は18歳以上です。国民議会（Nationalrat）（定数200名）は選挙民の数によって各州の議席配分が変わりますが、州の代表である全州議会（Ständerat）（定数46名）へは人口に関わらず1名ないし2名が各州から選出されます。行政府である連邦参事会（Bundesrat）のメンバー（閣僚）7名は4年の任期で連邦議会において選ばれ、外交や財務、内務等の各省庁を管轄します。スイスには首相はおらず、儀礼的な国家元首である連邦大統領が連邦参事会の議長も務めますが、この職には閣僚兼務のまま各閣僚が1年ごとに交代で就くことになっています。

Schweizerische Eidgenossenschaft　スイス連邦

男性形	女性形	
der Bundespräsident, -en/-en	die Bundespräsidentin, -/-nen	（連邦）大統領
der Stadtpräsident, -en/-en	die Stadtpräsidentin, -/-nen	市長
der Gemeindepräsident, -en/-en	die Gemeindepräsidentin, -/-nen	町村長（州により名称が異なる）

458

● 日本

日本の政府や議会、地方自治体はドイツ語で次のように表現します。

Japan　日本

男性形	女性形	
der Premierminister, -s/-	die Premierministerin, -/-nen	首相／総理大臣
der Ministerpräsident, -en/-en	die Ministerpräsidentin, -/-nen	首相／総理大臣
der Gouverneur, -s/-e	die Gouverneurin, -/-nen	知事
der Bürgermeister, -s/-	die Bürgermeisterin, -/-nen	市町村長

文法

A1, A2 レベルに必要な文法項目を簡単にまとめてあります。
・例文中の太字・下線は各項目の重要ポイント。
（A1 ～ B1 のレベルを表すものではありません。）
・例文以外の太字は、A1 ～ B1 のレベルを表します。

I 語順

1. 平叙文

定動詞（人称変化する動詞）が 2 番目に置かれます。助動詞を用いる場合は、助動詞が 2 番目です。

Ich **wohne** in Wien. (S.60)

Ich **möchte** für heute Abend um sieben Uhr einen Tisch reservieren. (S.85)

2. 決定疑問文（**ja**, **nein**, **doch** で答える疑問文）

決定疑問文の定動詞は文頭に置かれます。答えの ja, nein, doch の後には必ずコンマをつけます。

Haben Sie Geschwister? —**Ja**, ich habe eine Schwester. (S.65)

Ist das deine Schwester? —**Nein**, das ist meine Tante. (S.66)

否定冠詞 **kein** や **nicht** などを含む決定疑問文（否定疑問文）を否定するときは、doch を使います。

Kann ich **nicht** mit dem Bus zum Flughafen fahren?
—**Doch**, aber mit dem Zug kommen Sie schneller dorthin. (S.110)

3. 補足疑問文（疑問詞を使う疑問文）

疑問詞は文頭に置かれ、定動詞は２番目に置かれます。

よく使われる疑問詞

was wer wann wie wo wohin woher warum wieso **welcher** など

Wie **fahrt** ihr morgen nach München?（S.113）

Wo **liegt** die Stadt Berlin?（S.195）

4. 文章を作るときに覚えておくと便利な原則

原則１　定動詞に一番関わりが強い文の要素は文末

a. 目的語

Sie sprechen doch gut Deutsch.（S.139）→ Deutsch sprechen

b. 分離動詞の前つづり（S.224）

Warum siehst du mich so an?（S.190）→ an|sehen

c. 話法の助動詞を伴う枠構造の文末の不定詞（S.224）

Wollen Sie vielleicht unser Mittagsmenü probieren?（S.83）

→ probieren wollen

d. 現在完了形（S.229）

Hast du schon geklingelt?（S.94）→ geklingelt haben

原則２　時ー手段ー場所ー目的語の順

Dann treffen wir uns am Samstag bei Petra.（S.49）

am Samstag（時）　bei Petra（場所）

Wir fahren morgen mit dem Shinkansen nach Osaka.

morgen（時）　mit dem Shinkansen（手段）　nach Osaka（場所）

私たちは明日新幹線で大阪へ行きます。

原則３　３格目的語と４格目的語をとる際の語順

a. 両方とも名詞　３格ー４格

Ich gebe meinem Bruder das Buch.（３格ー４格）

meinem Bruder（３格）　das Buch（４格）

私は私の兄にこの本を渡します。

b. 両方とも代名詞４格ー３格

Ich schicke sie dir später per E-Mail.（４格ー３格）（S.50）

c. 一方が代名詞　代名詞ー名詞

Kannst du mir die Datei kopieren?（代名詞ー名詞）（S.50）

mir（３格）die Datei（４格）

II 代名詞

1. 人称代名詞

A1, A2 レベルでは、まず 1 格、3 格、4 格の使い方をマスターしましょう。

	私	君	彼 それ	彼女 それ	それ	私たち	君たち	彼ら 彼女ら それら	あなた あなたたち
1	**ich**	**du**	**er**	**sie**	**es**	**wir**	**ihr**	**sie**	**Sie**
2	meiner	deiner	seiner	ihrer	seiner	unser	euer	ihrer	Ihrer
3	**mir**	**dir**	**ihm**	**ihr**	**ihm**	**uns**	**euch**	**ihnen**	**Ihnen**
4	**mich**	**dich**	**ihn**	**sie**	**es**	**uns**	**euch**	**sie**	**Sie**

人称代名詞の 2 格は他の格に比べて使用頻度が極めて低いので、余裕があれば覚えましょう。

er, sie, es は人・物の男性名詞、女性名詞、中性名詞を受けます。

Ist Vater schon weggefahren?

—Ja, **er** ist schon weg. Heute ist **er** aber zu Fuß gegangen. (S.105)

Haben Sie schon einen Reiseführer gekauft?

—Ja, schon, allerdings habe ich **ihn** noch nicht gelesen. (S.169)

2. 不定代名詞

	人・人々	誰か	誰も〜ない	ある人・物		
1	**man**	**jemand**	**niemand**	**einer**	**ein(e)s**	**eine**
2	eines	jemand(e)s	niemand(e)s	eines	eines	einer
3	**einem**	**jemand(em)**	**niemand(em)**	**einem**	**einem**	**einer**
4	**einen**	**jemand(en)**	**niemand(en)**	**einen**	**ein(e)s**	**eine**

jemand, niemand に関しては、最近では 2 格以外格変化を行わない形が多く見られます。

einer/ein(e)s/eine の否定形は **keiner/kein(e)s/keine**

Vielleicht, aber **man** soll halt eine friedliche Lösung finden, glaube ich.(S.206)
Kennst du **jemanden**, der mir helfen kann?

私を手伝ってくれる人をだれか知らない？

3. 指示代名詞

	男性名詞	女性名詞	中性名詞	複数名詞
1	**der**	**die**	**das**	**die**
2	dessen	deren	dessen	deren
3	**dem**	**der**	**dem**	**denen**
4	**den**	**die**	**das**	**die**

Der gefällt mir sehr gut. (S.122)

4. 再帰代名詞

	私	君	彼 彼女 それ	私たち	君たち	彼ら 彼女ら それら	あなた あなたたち
3	**mir**	**dir**	**sich**	**uns**	**euch**	**sich**	**sich**
4	**mich**	**dich**	**sich**	**uns**	**euch**	**sich**	**sich**

主語と目的語が同じ物や人を指す場合、目的語には再帰代名詞が使われます。
必ず再帰代名詞を伴って使われる動詞を再帰動詞と言います。

Na ja, ich habe **mich** kurz geduscht und **mir** die Haare gewaschen. (S.187)
Interessierst du **dich** auch für Musik? (S.153)

5. 非人称主語の es

A1, A2 レベルでも多くの表現が出てきています。

人称代名詞の es とは別に、非人称主語の es があります。

時刻の表現	**Es** ist eins. (S.20)
天気・天候の表現	In Nordjapan ist **es** nicht so heiß. (S.202)
心身の状態を表す表現	**Es** geht mir im Moment nicht so gut. (S.190)
es gibt +4 格(〜がある/いる)	Entschuldigung, gibt **es** hier auch frische Eier? (S.121)

es は文頭に来ない場合は省略されることもあります。

Mein Kopf tut weh und mir ist (**es**) sehr kalt. (S.188)

ただし、非人称動詞（必ず es を主語にとって 3 人称単数の変化しかしない動詞）の場合は省略できません。非人称動詞は、本書の見出し語でも 3 人称単数形で表してあります。

Heute hat **es** viel geregnet, aber morgen wird **es** besser. (S.203)

III 名詞・冠詞

1. 定冠詞（英語の *the* に相当）

	男性名詞	女性名詞	中性名詞	複数名詞
1	**der** Mann	**die** Frau	**das** Kind	**die** Leute
2	des Mannes	der Frau	des Kindes	der Leute
3	**dem** Mann	**der** Frau	**dem** Kind	**den** Leuten
4	**den** Mann	**die** Frau	**das** Kind	**die** Leute

単数 2 格の男性名詞と中性名詞には、単語の語尾に -s または -es が付きます。

複数形は男性名詞、女性名詞、中性名詞とも同じ形です。

複数 3 格には名詞に語尾 -n が付きます。ただし、複数形の語尾が -s/-n の名詞にはつきません。

Zu Weihnachten feiere ich dieses Jahr mit **meinen Freunden** in einer Bar. (S.47)

男性名詞単数 2 格にはまれに -en がつくことがあります（男性弱変化名詞）。3 格、4 格にも同じ語尾 -en がつきます。

der Student / des Studente**n** / dem Studente**n** / den Studente**n**

2. 定冠詞類（**dieser welcher jeder** mancher solcher aller）

	男性名詞	女性名詞	中性名詞	複数名詞
1	**dieser** Mann	**diese** Frau	**dieses** Kind	**diese** Kinder
2	dieses Mannes	dieser Frau	dieses Kindes	dieser Kinder
3	**diesem** Mann	**dieser** Frau	**diesem** Kind	**diesen** Kindern
4	**diesen** Mann	**diese** Frau	**dieses** Kind	**diese** Kinder

Gefällt Ihnen **diese** neueste Farbe?　この最新の色はいかがですか？

これらの冠詞は指示代名詞として、後ろに名詞を伴わず独立的用法で使用されることもあります。

指示代名詞

dieser（これ）、solcher（そのような人／物）

Wie gefällt Ihnen **dieser**? (S.122)

この他、定冠詞類と同じ変化をするものとして、以下のものがあります。

不定代名詞

einer（ひとつの／一人の）（複数形 welche）**jeder**（各人／それぞれのもの）**welcher**（どれ）alle（すべての人）alles（すべてのもの）mancher（かなりの数の物／人）

Einer hat da geraucht. (S.26)

Tu **alles** in die Waschmaschine rein! (S.128)

否定代名詞

keiner（誰一人として〜ない）、**kein(e)s**（ひとつもない）

Mit Bad haben wir leider **keins**, aber mit Dusche. (S.178)

所有代名詞

meiner（私のもの）**deiner**（君のもの）**seiner**（彼の、それのもの）**ihrer**（彼女のもの）**uns(e)rer**（私たちのもの）**eu(e)rer**（君たちのもの）**ihrer**（彼らのもの）**Ihrer**（あなたの、あなたたちのもの）

Meinen Sie diese Kamera?

—Nein, das ist eine Digitalkamera. **Meine** ist eine alte Filmkamera. (S.155)

3. 不定冠詞（英語の *a* に相当）

	男性名詞	女性名詞	中性名詞	複数名詞
1	**ein** Mann	**eine** Frau	**ein** Kind	**Kinder**
2	eines Mannes	einer Frau	eines Kind(e)s	Kinder
3	**einem** Mann	**einer** Frau	**einem** Kind	**Kindern**
4	**einen** Mann	**eine** Frau	**ein** Kind	**Kinder**

不定冠詞の複数形は無冠詞です。

Entschuldigung, gibt es hier auch frische **Eier**?（S.121）

4. 否定冠詞（不定冠詞類）

	男性名詞	女性名詞	中性名詞	複数名詞
1	**kein** Wagen	**keine** Zeit	**kein** Buch	**keine** Bücher
2	keines Wagens	keiner Zeit	**keines** Buch(e)s	**keiner** Bücher
3	**keinem** Wagen	**keiner** Zeit	**keinem** Buch	**keinen** Büchern
4	**keinen** Wagen	**keine** Zeit	**kein** Buch	**keine** Bücher

不定冠詞 ein と同じ格変化です。

5. 所有冠詞（不定冠詞類）

mein（私の）**dein**（君の）**sein**（彼の、その）**ihr**（彼女の、その）

unser（私たちの）**euer**（君たちの）**ihr**（彼らの、それらの、彼女たちの）

Ihr（あなたの、あなたたちの）

	男性名詞	女性名詞	中性名詞	複数名詞
1	**mein** Apfel	**meine** Tasche	**mein** Auto	**meine** Kinder
2	meines Apfels	meiner Tasche	meines Autos	meiner Kinder
3	**meinem** Apfel	**meiner** Tasche	**meinem** Auto	**meinen** Kindern
4	**meinen** Apfel	**meine** Tasche	**mein** Auto	**meine** Kinder

mein 以外の冠詞変化（名詞は省略）

	男性名詞	女性名詞	中性名詞	複数名詞
1	**dein** **sein** **ihr** **unser** **euer** **Ihr**	**deine** **seine** **ihre** **uns(e)re** **eu(e)re** **Ihre**	**dein** **sein** **ihr** **unser** **euer** **Ihr**	**deine** **seine** **ihre** **uns(e)re** **eu(e)re** **Ihre**
2	deines seines ihres uns(e)res eu(e)res Ihres	deiner seiner ihrer uns(e)rer eu(e)rer Ihrer	deines seines ihres uns(e)res eu(e)res Ihres	deiner seiner ihrer uns(e)rer eu(e)rer Ihrer
3	**deinem** **seinem** **ihrem** **uns(e)rem** **eu(e)rem** **Ihrem**	**deiner** **seiner** **ihrer** **uns(e)rer** **eu(e)rer** **Ihrer**	**deinem** **seinem** **ihrem** **uns(e)rem** **eu(e)rem** **Ihrem**	**deinen** **seinen** **ihren** **uns(e)ren** **eu(e)ren** **Ihren**
4	**deinen** **seinen** **ihren** **uns(e)ren** **eu(e)ren** **Ihren**	**deine** **seine** **ihre** **uns(e)re** **eu(e)re** **Ihre**	**dein** **sein** **ihr** **un(e)ser** **euer** **Ihr**	**deine** **seine** **ihre** **uns(e)re** **eu(e)re** **Ihre**

IV 動詞の人称変化（現在形・過去形）

A1 と表記されている動詞は、現在人称変化ができることも要求されています。動詞を覚える際には現在人称変化も一緒に覚えましょう。

過去形については、A2 レベルまでは 221、222、227 ページで挙げてある動詞を覚えておけば十分です。

1. 規則動詞

過去基本形は不定形の語幹に -te をつけます。

過去形の ich, er/sie/es には人称語尾がつきません。

		ich	du	er/sie/es	wir	ihr	sie/Sie
現在形	**wohnen**	**wohne**	**wohnst**	**wohnt**	**wohnen**	**wohnt**	**wohnen**
過去形	wohnte	wohnte	wohntest	wohnte	wohnten	wohntet	wohnten

規則動詞で注意が必要なもの

語幹が -t, -d で終わる動詞は du, er/sie/es, ihr の人称語尾の前に口調上の e が入ります。

過去形の場合は、語幹と過去形語尾の間に e が入ります。

		ich	du	er/sie/es	wir	ihr	sie/Sie
現在形	**arbeiten**	**arbeite**	**arbeitest**	**arbeitet**	**arbeiten**	**arbeitet**	**arbeiten**
過去形	arbeitete	arbeitete	arbeitetest	arbeitete	arbeiteten	arbeitetet	arbeiteten

同じ変化をする動詞 : finden, warten, baden, begründen, statt|finden など

（finden, statt|finden の過去形は不規則変化）

語幹が -s, -ß, -z, で終わる動詞は du の現在形語尾が -t になります。

		ich	du	er/sie/es	wir	ihr	sie/Sie
現在形	**reisen**	**reise**	**reist**	**reist**	**reisen**	**reist**	**reisen**
過去形	reiste	reiste	reistest	reiste	reisten	reistet	reisten

同じ変化をする動詞 : heißen, schließen, heizen, putzen, tanzen など

（schließen の過去形は不規則変化）

-eln, -ern で終わる動詞は ich の現在人称変化において、原則として語幹の e が省略されます。

		ich	du	er/sie/es	wir	ihr	sie/Sie
現在形	**wechseln**	**wechsle**	**wechselst**	**wechselt**	**wechseln**	**wechselt**	**wechseln**
過去形	wechselte	wechselte	wechseltest	wechselte	wechselten	wechseltet	wechselten

同じ変化をする動詞 : angeln, wandern など

2. 不規則変化をする動詞

sein, **haben**, **werden** の人称変化

	基本形	ich	du	er/sie/es	wir	ihr	sie/ Sie
現在形	**sein**	**bin**	**bist**	**ist**	**sind**	**seid**	**sind**
過去形	**war**	**war**	**warst**	**war**	**waren**	**wart**	**waren**
現在形	**haben**	**habe**	**hast**	**hat**	**haben**	**habt**	**haben**
過去形	**hatte**	**hatte**	**hattest**	**hatte**	**hatten**	**hattet**	**hatten**
現在形	**werden**	**werde**	**wirst**	**wird**	**werden**	**werdet**	**werden**
過去形	**wurde**	**wurde**	**wurdest**	**wurde**	**wurden**	**wurdet**	**wurden**

その他の不規則変化する現在人称変化

① a-ä タイプ

	ich	du	er/sie/es	wir	ihr	sie/ Sie
fahren	**fahre**	**fährst**	**fährt**	**fahren**	**fahrt**	**fahren**

同じ変化をする動詞： **gefallen**, **halten**, **schlafen**, **waschen**, **ab|fahren**, **fallen**, **laufen**, ab|waschen, braten, wachsen など

(halten, braten は du hältst / brätst, er hält / brät)

② e-i タイプ

	ich	du	er/sie/es	wir	ihr	sie/ Sie
sprechen	spreche	sprichst	spricht	sprechen	sprecht	sprechen

同じ変化をする動詞： **essen**, **geben**, **helfen**, **sterben**, **treffen**, **vergessen**, werfen など

③ e-ie タイプ

	ich	du	er/sie/es	wir	ihr	sie/ Sie
sehen	**sehe**	**siehst**	**sieht**	**sehen**	**seht**	**sehen**

同じ変化をする動詞： **lesen**, **aus|sehen**, **fern|sehen** など

(lesen は du liest)

④その他の不規則動詞

	ich	du	er/sie/es	wir	ihr	sie/ Sie
wissen	**weiß**	**weißt**	**weiß**	**wissen**	**wisst**	**wissen**
nehmen	**nehme**	**nimmst**	**nimmt**	**nehmen**	**nehmt**	**nehmen**

同じ変化をする動詞：**mit|nehmen**, teil|nehmen

不規則変化をする過去形→動詞の不規則変化表（S.235 ～）

V 動詞の格支配

1. 4格目的語をとる動詞（他動詞）

haben, **essen**, **trinken**, **suchen**, **an|rufen** など

Danke, ich **rufe** dich jetzt **an.** (S.52)

Ich **suche** einen dunklen Mantel. (S.122)

2. 3格目的語をとる動詞

helfen, **gefallen**, **schmecken**, gehören など

Hoffentlich **schmeckt** es dir. (S.74)

Kann ich Ihnen **helfen**? (S.122)

Der **gefällt** mir sehr gut. (S.122)

3. 3格目的語と4格目的語をとる動詞

geben, **schicken**, **schenken**, **zeigen** など

例文は語順の原則3を参照。

Ich **schicke** sie dir später per E-Mail. (S.50)
(4格) (3格)

Kannst du mir die Datei **kopieren**? (S.50)
(3格) (4格)

Ich wünsche Ihnen auch ein schönes Wochenende. (S.45)
(3格) (4格)

文法

VI 分離動詞

		ich	du	er/sie/es
現在形	**aufstehen**	**stehe auf**	**stehst auf**	**steht auf**
過去形	stand auf	stand auf	standest auf	stand auf
現在完了形	**ist aufgestanden**	**bin aufgestanden**	**bist aufgestanden**	**ist aufgestanden**

	wir	ihr	sie/Sie
現在形	**stehen auf**	**steht auf**	**stehen auf**
過去形	standen auf	standet auf	standen auf
現在完了形	**sind aufgestanden**	**seid aufgestanden**	**sind aufgestanden**

主な分離動詞の前つづり

ab-, an-, auf-, aus-, ein-, durch-, fest-, her-, herauf-, herab-, hin-, hinauf-, hinab-, los-, mit-, rein-, raus-, um- など。teil-, vor-, weg-, zu-, zurück-

Komm, **steigen** wir die Treppe **hinauf**. (S.96)

Kommst du **mit**? (S.111)

Ist der Mann von Barbara nicht **mitgekommen**? (S.65)

話法の助動詞がある場合は分離しません。

<u>**Soll**</u> ich die Tür **zumachen**? (S.95)

VII 命令形

1. 規則変化動詞

du, ihr では原則として主語を付けません。動詞は文頭に置かれます。

du の変化には人称語尾（-st）が付きません。

	du	ihr	Sie
kommen	**Komm!**	**Kommt!**	**Kommen Sie!**

Mach bitte das Licht an. (S.100)

Dann **komm** einfach mit öffentlichen Verkehrsmitteln! (S.112)

語幹が -d、-t で終わる動詞(S.216) は、du の命令形が -e、ihr の命令形が -et で終わります。

warten : Warte! Wartet!

2. 不規則動詞

現在人称変化が不規則変化する動詞は命令形も不規則変化します。a-ä タイプ(S.222 参照) はウムラウトがつきません。sein 動詞は現在人称変化と異なる変化をします。

	du	ihr	Sie
lesen	**Lies!**	**Lest!**	**Lesen Sie!**
fahren	**Fahr!**	**Fahrt!**	**Fahren Sie!**
sein	**Sei!**	**Seid!**	**Seien Sie!**

3. 分離動詞

mitkommen	Komm mit!	Kommt mit!	Kommen Sie mit!

VIII 話法の助動詞

不定詞とともに使われ、次のような意味を動詞に加えます。

müssen（～しなければならない）
sollen（～すべき・～したほうがよい）
wollen（～するつもりである）
möchten（～したい）
dürfen（～してもよい）
können（～できる）
mögen（～がすきだ・～したい・～だろう）

使役の助動詞 : **lassen**（～してもらう、～させる）

1. 現在人称変化

	müssen	dürfen	sollen	können
ich	**muss**	**darf**	**soll**	**kann**
du	**musst**	**darfst**	**sollst**	**kannst**
er/sie/es	**muss**	**darf**	**soll**	**kann**
wir	**müssen**	**dürfen**	**sollen**	**können**
ihr	**müsst**	**dürft**	**sollt**	**könnt**
sie/Sie	**müssen**	**dürfen**	**sollen**	**können**

	wollen	**mögen**	**möchte**	**lassen**
ich	**will**	**mag**	**möchte**	**lasse**
du	**willst**	**magst**	**möchtest**	**lässt**
er/sie/es	**will**	**mag**	**möchte**	**lässt**
wir	**wollen**	**mögen**	**möchten**	**lassen**
ihr	**wollt**	**mögt**	**möchtet**	**lasst**
sie/Sie	**wollen**	**mögen**	**möchten**	**lassen**

möchte は mögen の接続法II式で、「～したい」というときによく使われる助動詞です。
lassen は、話法の助動詞ではありませんが、語順が似ているので一緒に覚えましょう。

2. 過去人称変化

	musste	**durfte**	sollte	**konnte**	**wollte**	ließ
ich	**musste**	**durfte**	sollte	**konnte**	**wollte**	ließ
du	**musstest**	**durftest**	solltest	**konntest**	**wolltest**	ließt
er/sie/es	**musste**	**durfte**	sollte	**konnte**	**wollte**	ließ
wir	**mussten**	**durften**	sollten	**konnten**	**wollten**	ließen
ihr	**musstet**	**durftet**	solltet	**konntet**	**wolltet**	ließt
sie/Sie	**mussten**	**durften**	sollten	**konnten**	**wollten**	ließen

mögen の過去形は頻度が低いため省略してあります。

möchte（〜したい）を過去で表す場合は過去形がないため wollen の過去形を代用します。

3. 用法

a. 話法の助動詞＋不定詞

助動詞が人称変化します。不定詞は文末に来るのが基本です。

Müssen Sie lange **arbeiten**? （S.143）

Ich **möchte** meine Wohnung **kündigen**. （S.92）

b. その他の動詞＋不定詞の表現

gehen ＋不定詞（〜しに行く）

Dann **gehe** ich jetzt baden. （S.187）

werden ＋不定詞　（未来形：〜するつもり、〜らしい）

Nein, in der Wohnung **wird** unser Sohn wohnen. （S.90）

Er **wird** wohl krank sein.　彼はどうやら病気らしい。

IX zu 不定詞句

A1、A2 レベルでは、以下の用法を覚えておけば十分です。

英語 to+ 原形に相当します。

Hast du Zeit, zusammen zu Mittag **zu essen**? いっしょに昼食を食べる時間がある？

Ich schlage vor, ihm etwas zum Lesen **zu schenken**. （S.123）

Ich bin dafür, morgen mit dem Auto **zu fahren**.

私は明日、車で行くことに賛成です。

Ich bin dagegen, diese Woche eine Party **zu machen**.

私は今週パーティをするのに反対です。

分離動詞の zu 不定詞：前つづり＋ zu ＋不定詞

Hast du Lust, **mitzukommen**? （S.49）

Ja, okay, und wann haben Sie vor, aus der Wohung **auszuziehen**? （S.92）

um... zu 不定詞（～するために）

Ja, ich gehe zur Apotheke, **um** Medikamente gegen Halsschmerzen **zu holen**.

（S.193）

X 接続法 II 式

A1, A2 レベルでは、まず接続法 II 式を使った丁寧な言い方（外交話法）を覚えましょう。

	ich	du	er/sie/es	wir	ihr	sie/Sie
werden	würde	würdest	würde	würden	würdet	würden
haben	hätte	hättest	hätte	hätten	hättet	hätten

Ich **hätte** gern diesen Pulli in Rot. （S.124）

Wie **wäre** es, wenn ihr uns am Samstag besucht? （S.49）

XI 現在完了形

A1レベルでは、自分がよく使う表現の現在完了形ができるようにしておきましょう。A2レベルでは現在完了形をマスターしましょう。

1. 現在完了形の助動詞

haben ＋過去分詞、sein ＋過去分詞

	ich	du	er/sie/es	wir	ihr	sie/Sie
haben 支配	**habe gekauft**	**hast gekauft**	**hat gekauft**	**haben gekauft**	**habt gekauft**	**haben gekauft**
sein 支配	**bin gegangen**	**bist gegangen**	**ist gegangen**	**sind gegangen**	**seid gegangen**	**sind gegangen**

動詞の多くは haben を助動詞として現在完了形を作ります。過去分詞は基本的に文末に置かれます。

sein を完了の助動詞とする動詞

場所の移動　**fahren**, **gehen**, **reisen**, **kommen**, **fallen**

状態の変化　**werden**, **sterben**, **wachsen**, **aufstehen**

その他　**sein**, **bleiben**, **passieren**　など

2. 過去分詞の作り方

a. ge ＋語幹＋ t

hören – gehört

Seit zwei Monaten **habe** ich nichts von euch **gehört**. (S.54)

b. ge- がつかない過去分詞（語幹＋ t）

・非分離動詞

(ver-, ent-, emp-, zer-, be-, er-, ge-, zer-, über- などの接頭辞がある動詞)

Haben Sie schon Karten **bestellt**? (S.165)

・-ieren で終わる動詞

Ja, für morgen **habe** ich drei Plätze **reserviert**. (S.165)

c. 分離動詞の過去分詞（前つづり＋過去分詞）

Was **hast** du dir **angesehen**? (S.158)

d. 不規則変化する動詞の過去分詞（動詞の不規則変化表 S.235 参照）

Hast du die Durchsage **verstanden**? (S.167)

Ich **habe** gestern den ganzen Tag nur **ferngesehen.** (S.158)

XII 前置詞

1. 3格支配の前置詞

aus, **mit**, **bei**, **zu**, **nach**, **von**, **seit** など

2. 4格支配の前置詞

für, **ohne**, **um**, **durch**, **gegen** など

3. 3格・4格支配の前置詞 場所（wo?）を表す— 3 格、方向（wohin?）を表す— 4 格

auf, **an**, **in**, **unter**, **vor**, **neben**, **über**, **hinter**, **zwischen**

auf den Tisch stellen　テーブルの上へ置く

auf dem Tisch sein　テーブルの上にある

XIII 接続詞

1. 並列接続詞（後続文の語順に影響を与えない接続詞）

und, **aber**, **oder**, **denn** など

Sie ist klein, hat kurze dunkle Haare **und** ihre Augenfarbe **ist** braun. (S.72)

2. 従属接続詞（後続文の定動詞後置）

これらの接続詞を用いて作文することは、主に B1 レベルで要求されます。

als, **dass**, **weil**, **wenn**, ob, obwohl, da, seitdem, nachdem など

定動詞が文末に置かれる副文を作ります。

Weißt du, **dass** wir am kommenden Freitag einen Test **schreiben**? (S.141)

Ich fahre jeden Tag Rad, **weil** ich mit dem Rad zur Arbeit **fahre.** (S.159)

疑問詞を用いて副文を作ることもあります。(間接疑問文)

Wissen Sie, **wo** Ihr Platz ist? (S.166)

接続詞的に用いられる副詞など (後続文の定動詞倒置)

dann, **deshalb**, **zuerst**, **außerdem**, **am Anfang**, **am Ende**, **am Schluss**, trotzdem, sonst など

Komm nicht näher, **sonst** wirst du auch krank! (S.191)

Dann müssen wir an der nächsten Kreuzung links abbiegen. (S.114)

相関接続詞

nicht (kein) ~, sondern ~ ～ではなく～だ

nicht nur ~, sondern auch ~ ～だけでなく～もまた

zwar ~, aber ~ たしかに～だが、しかし～ sowohl ~ als auch ~ ～も～も

Nicht heute, **sondern** morgen. 今日じゃなくて、明日だよ。

Die war **zwar** sehr schön, **aber** es gab zu viele Touristen. (S.171)

XIV 関係文

A2 レベルでは、簡単な関係文が理解できると良いでしょう。

1. 定関係代名詞

	男性名詞	女性名詞	中性名詞	複数名詞
1	**der**	**die**	**das**	**die**
2	dessen	deren	dessen	deren
3	**dem**	**der**	**dem**	**denen**
4	**den**	**die**	**das**	**die**

関係文は修飾する名詞の後ろに置かれ、必ずコンマで区切ります。

関係文は定動詞が文末に来る副文になります。

Das war eine österreichische Jounalistin, **die** schon lange in Japan lebt. (S.157)

前置詞を伴う場合は、以下の様になります。

Das ist das Restaurant, **in dem** man gut essen kann.

ここがそのおいしいレストランです。

2. 不定関係代名詞

人を表すとき　wer, wessen, wem, wen

Wer zur Party kommt, soll etwas zum Essen mitbringen.
パーティに来る人は、何か食べるものを持ってきてください。

物、事柄を表すとき　**was**

Na ja, ich checke immer, **was** in der Regierung passiet. (S.209)

3. 関係副詞 wo

先行詞が時、場所を表す場合、関係副詞 wo を用いることができます。

Gibt es hier ein Café, **wo** ich ein Eis essen kann?
このあたりに、アイスクリームを食べられるカフェはありますか。

XV 名詞の修飾 1 （前からの修飾）

形容詞の格変化

1. 定冠詞（類）＋形容詞＋名詞（弱変化）

男性名詞	女性名詞	中性名詞	複数名詞
der nette Freund	die alte Dame	das dicke Kind	die lustigen Freunde
des netten Freund(e)s	der alten Dame	des dicken Kind(e)s	der lustigen Freunde
dem netten Freund	der alten Dame	dem dicken Kind	den lustigen Freunden
den netten Freund	die alte Dame	das dicke Kind	die lustigen Freunden

Ich habe **die österreichische Staatsbürgerschaft**. (S.67)

2. 不定冠詞（類）＋形容詞＋名詞（混合変化）

男性名詞	女性名詞	中性名詞	複数名詞
ein neuer Computer	eine rote Tasche	ein altes Handy	meine schönen Schuhe
eines neuen Computers	einer roten Tasche	eines alten Handys	meiner schönern Schuhe
einem neuen Computer	einer roten Tasche	einem alten Handy	meinen schönen Schuhen
einen neuen Computer	eine rote Tasche	ein altes Handy	meine schönen Schuhe

Und kaufst du mir bitte **ein neues T-Shirt**? (S.128)

3. 無冠詞＋形容詞＋名詞（強変化）

男性名詞	女性名詞	中性名詞	複数名詞
starker Kaffee	frische Tomate	schwarzes Brot	gebratene Eier
starken Kaffees	frischer Tomate	schwarzen Brot(e)s	gebratener Eier
starkem Kaffee	frischer Tomate	schwarzem Brot	gebratenen Eier
starken Kaffee	frische Tomate	schwarzes Brot	gebratene Eier

Einen Schirm, einen Rucksack und **gute Schuhe**. (S.129)

XVI 名詞の修飾 2（後ろからの修飾）

ドイツ語では名詞を後ろから修飾することがよくあります。

1. 2 格

das Auto **meines Vaters** 私の父の車

die Fotos **der Digitalkameras** デジタルカメラの写真

2. 時を表す名詞や副詞

das Essen **gestern Abend** 昨晩の食事

3. 前置詞＋名詞

ein Zimmer **mit Dusche** シャワーつきの部屋

der Junge **mit den langen Haaren** 長髪の若者

der Bruder **von meiner Mutter** 私の母の弟

4. 基数

Nummer **fünf** 5番

Platz **zwei** 第2位

5. 左右や場所

Sehen Sie das Bild **rechts.** 右の絵を見てください。

das Buch **hier** ここにある本

6. コンマの後の言い換え

Dr. Nordmann, **der Zahnarzt** 歯科医のノートマン

XVII 比較表現

原級 * は不規則変化	比較級	最上級	最上級 (述語的・副詞的用法)
schön	**schöner**	**schönst-**	**am schönsten**
gut*	**besser**	**best-**	**am besten**
hoch*	**höher**	**höchst-**	**am höchsten**
nah*	**näher**	**nächst-**	**am nächsten**
gern*	**lieber**	**liebst-**	**am liebsten**
wenig*	**weniger**	**wenigst-**	**am wenigsten**
viel*	**mehr**	**meist-**	**am meisten**

Wie heißt der **höchste** Berg in Japan? (S.196)

Könnten Sie bitte etwas **lauter** sprechen? (S.136)

Na ja, nach Hokkaido möchte ich **lieber** fliegen... (S.111)

比較級 (-er), 最上級 (-st) が名詞を修飾する場合は、形容詞の語尾がつきます。

2つのものを比較するときは、**比較級＋ als** を用います。

Ich trinke **mehr** Tee **als** Kaffee. 私はコーヒーよりも紅茶をよく飲みます。

最上級の副詞的用法は、am –sten で表します。

Wie komme ich **am besten** zum „Edo-Tokio Museum“? (S.109)

Welche Blume oder Pflanze liebst du **am meisten**, Oma? (S.198)

比較表現のバリエーション

etwas ＋比較級	少し～
ein bisschen + 比較級	ほんの少し～
viel+ 比較級	ずっと～
immer+ 比較級	ますます～

動詞の不規則変化表

不定詞	過去形	過去分詞（完了形）
ab|biegen	bog ab	(ist) abgebogen
ab|fahren	fuhr ab	(ist) abgefahren
ab|waschen	wusch ab	(hat) abgewaschen
an|fangen	fing an	(hat) angefangen
an|kommen	kam an	(ist) angekommen
an|rufen	rief an	(hat) angerufen
an|sehen	sah an	(hat) angesehen
an|ziehen	zog an	(hat) angezogen
auf|geben	gab auf	(hat) aufgegeben
auf|gehen	ging auf	(ist) aufgegangen
auf|heben	hob auf	(hat) aufgehoben
auf|stehen	stand auf	(ist) aufgestanden
aus|fallen	fiel aus	(ist) ausgefallen
aus|geben	gab aus	(hat) ausgegeben
aus|gehen	ging aus	(ist) ausgegangen
aus|sehen	sah aus	(hat) ausgesehen
aus|steigen	stieg aus	(ist) ausgestiegen
aus|ziehen	zog aus	(ist) ausgezogen
backen	backte (buk)	(hat) gebacken
beginnen	began	(hat) begonenn
bekommen	bekam	(hat) bekommen

不定詞	過去形	過去分詞（完了形）
beschreiben	beschrieb	(hat) beschrieben
bestehen	bestand	(hat) bestanden
bewerben	bewarb	(hat) beworben
bitten	bat	(hat) geboten
bleiben	blieb	(ist) geblieben
braten	briet	(hat) gebraten
brennen	brannte	(hat) gebrannt
bringen	brachte	(hat) gebracht
denken	dachte	(hat) gedacht
dürfen	durfte	(hat) gedurft / dürfen
ein|laden	lud ein	(hat) eingeladen
ein|steigen	stieg ein	(ist) eingestiegen
ein|ziehen	zog ein	(ist) eingezogen
essen	aß	(hat) gegessen
fahren	fuhr	(ist) gefahren
fallen	fiel	(ist) gefallen
fern|sehen	sah fern	(hat) ferngesehen
fest|halten	hielt fest	(hat) festgehalten
finden	fand	(hat) gefunden
fliegen	flog	(ist) geflogen
frei|haben	hatte frei	(hat) freigehabt
geben	gab	(hat) gegeben
gefallen	gefiel	(hat) gefallen
gehen	ging	(ist) gegangen
gewinnen	gewann	(hat) gewonnen
haben	hatte	(hat) gehabt
halten	hielt	(hat) gehalten
hängen	hing	(hat) gehangen
heißen	hieß	(hat) geheißen
helfen	half	(hat) geholfen
her|geben	gab her	(hat) hergegeben
hinauf|gehen	ging hinauf	(ist) hinaufgegangen

不定詞	過去形	過去分詞（完了形）
hinunter|gehen	ging hinunter	(ist) hinuntergegangen
kennen	kannte	(hat) gekannt
kommen	kam	(ist) gekommen
können	konnte	(hat) gekonnt / können
lassen	ließ	(hat) gelassen / lassen
laufen	lief	(ist) gelaufen
lesen	las	(hat) gelesen
liegen	lag	(hat/ ■ ist) gelegen
los|gehen	ging los	(ist) losgegangen
mit|bringen	brachte mit	(hat) mitgebracht
mit|kommen	kam mit	(ist) mitgekommen
mit|nehmen	nahm mit	(hat) mitgenommen
mögen	mochte	(hat) gemocht / mögen
müssen	musste	(hat) gemusst
nehmen	nahm	(hat) genommen
riechen	roch	(hat) gerochen
rufen	rief	(hat) gerufen
schieben	schob	(hat) geschoben
schießen	schoß	(hat) geschossen
schlafen	schlief	(hat) geschlafen
schließen	schloss	(hat) geschlossen
schneiden	schnitt	(hat) geschnitten
schreiben	schrieb	(hat) geschrieben
schreien	schrie	(hat) geschrien
schwimmen	schwamm	(hat/ist) geschwommen
sehen	sah	(hat) gesehen
sein	war	(ist) gewesen
singen	sang	(hat) gesungen
sitzen	saß	(hat/ ■ ist) gesessen
sollen	sollte	(hat) gesollt / sollen
sprechen	sprach	(hat) gesprochen
springen	sprang	(hat/ist) gesprungen

不定詞	過去形	過去分詞（完了形）
statt|finden	fand statt	(hat) stattgefunden
stehen	stand	(hat/  ist) gestanden
sterben	starb	(ist) gestorben
teil|nehmen	nahm teil	(hat) teilgenommen
tragen	trug	(hat) getragen
treffen	traf	(hat) getroffen
trinken	trank	(hat) getrunken
tun	tat	(hat) getan
um|steigen	stieg um	(ist) umgestiegen
um|ziehen	zog um	(ist) umgezogen
unterschreiben	unterschrieb	(hat) unterschrieben
vergessen	vergaß	(hat) vergessen
verlieren	verlor	(hat) verloren
verstehen	verstand	(hat) verstanden
vorbei|kommen	kam vorbei	(ist) vorbeigekommen
vor|haben	hatte vor	(hat) vorgehabt
vor|schlagen	schlug vor	(hat) vorgeschlagen
wachsen	wuchs	(ist) gewachsen
waschen	wusch	(hat) gewaschen
weg|werfen	warf weg	(hat) weggeworfen
wieder|sehen	sah wieder	(hat) wiedergesehen
werden	wurde	(ist) geworden / worden
werfen	warf	(hat) geworfen
wissen	wusste	(hat) gewusst
wollen	wollte	(hat) gewollt / wollen
ziehen	zog	(hat) gezogen
zu|gehen	ging zu	(ist) zugegangen
zurück|geben	gab zurück	(hat) zurückgegeben
zurück|kommen	kam zurück	(ist) zurückgekommen

過去分詞の欄には，完了形で用いる助動詞 haben, sein を 3 人称の形（hat, ist）で添えてあります。

Index

A

@ (at) ········ 51
à ········ 120
der Aal ········ 78
ab ········ 20, 173
ab|biegen ········ 106
der **Abend** ········ 18
das **Abendessen** ········ 73
die Abendkasse ········ 165
abends ········ 18
aber ········ 33, 230
ab|fahren ········ 38, 111, 173, 222
die Abfahrt ········ 114, 173
der **Abfall** ········ 102
der Abfallkübel ········ 102
der Abflug ········ 175
die Abflugzeit ········ 175
ab|holen ········ 173
ab|melden (sich) ········ 177
der Absender ········ 181
ab|waschen ········ 102, 222
Ach! ········ 31
Ach ja./!/? ········ 31
Ach nein! ········ 31
Ach so!/? ········ 32
acht ········ 14
acht- ········ 15
achtundzwanzig ········ 14
Achtung! ········ 30
achtzehn ········ 14
achtzehnt- ········ 15
achtzig ········ 14
die **Adresse** ········ 59, 181
das/die Aerobic ········ 163
das **Afrika** ········ 27
der/die Afrikaner/in ········ 28
afrikanisch ········ 27
Ah! ········ 33
Aha! ········ 32
aktuell ········ 206
der Alkohol ········ 86
all- ········ 25, 218
allein ········ 64
aller/alle/**alles** ········ 22, 24, 218
Alles Gute! ········ 30
Alles klar! ········ 32
pl. Alpen ········ 195
als ········ 142, 230
also ········ 33
alt ········ 35, 61, 71, 92
das **Alter** ········ 61
altmodisch ········ 127
am 朝／昼／晩 ········ 18
am 曜日 ········ 17
das **Amerika** ········ 28
der/die Amerikaner/in ········ 28
amerikanisch ········ 28
die **Ampel** ········ 114
an ········ 101, 118, 119, 173, 181, 230

インデックス

die Ananas 77
ander- 35
anders 33
anderthalb 21
der **Anfang (am)** 33, 231
Anfang+月名 17
an|fangen 38, 135, 167
angeln 162, 221
angenehm 145
der/die **Angestellte** 144
an|kommen 104, 173, 175, 181
die Ankunft 173, 175
an|machen 38, 101
die Anmeldebestätigung 58
an|melden (sich) 177
die Anmeldung 58
an|probieren 126
der **Anrufbeantworter** 51
an|rufen 51, 148, 223
an|schauen 36, 158
der Anschluss 50
an|sehen 36, 158
die **Ansichtskarte** 51, 181
die **Antwort** 51, 137
antworten 37, 51, 137
die **Anzeige** 156
an|ziehen 126
an|ziehen (sich) 126
der **Anzug** 127
der **Apfel** 77
der Apfelbaum 198
der **Apfelsaft** 79
die Apfelschorle 79
die Apfelsine 77
die **Apotheke** 122, 192
der Apparat 158
der Appetit 73
der **April** 17
die **Arbeit** 142, 149
arbeiten 142, 221
der/die Arbeitgeber/in 146
arbeitslos 149
der Arbeitsplatz 146
das **Arbeitszimmer** 93
die Architektur 134
arm 207
der Arm 189
das Armband 128
der Artikel 156
der/die **Arzt/Ärztin** 144, 184, 192
der/die Asiat/in 28
asiatisch 27
das **Asien** 27
der Atheismus 68
attraktiv 71
Au! / Aua! 33
die Aubergine 77
auch 33
auf 94, 118, 119, 187, 229
auf+言語 28, 135
auf dem Weg 170
auf der Fahrt 170
auf der Reise 170
Auf j⁴/et⁴! 86
Auf Wiederhören! 42
Auf Wiederschauen! 42
Auf Wiedersehen! 42
der Aufenthalt 175
die **Aufgabe** 133, 144
auf|geben 176

auf|gehen ... 94
auf|heben ... 38
auf|machen ... 38, 94
auf|passen ... 36
auf|räumen ... 102
auf|stehen ... 36, 38, 187, 224, 229
der Aufzug ... 95
das **Auge** ... 71, 187, 189
der **August** ... 17
aus ... 101, 124, 230
aus|checken ... 177
aus|drucken ... 50
die Ausfahrt ... 114
aus|fallen ... 167
der **Ausflug** ... 168
aus|füllen ... 58
der Ausgang ... 94, 165
aus|geben ... 125
aus|gehen ... 153
das **Ausland** ... 66, 168
der/die **Ausländer/in** ... 66, 179
aus|machen ... 38, 87, 101
aus|packen ... 38, 176
aus|schalten ... 38, 101
aus|schauen ... 189
aus|sehen ... 71, 189, 222
die Außenpolitik ... 208
außerdem ... 230
die Aussicht ... 91
aus|steigen ... 38, 109
die Ausstellung ... 155
das **Australien** ... 28
australisch ... 28
ausverkauft ... 167
aus|wählen ... 84, 140
der **Ausweis** ... 58, 179
aus|ziehen ... 89, 126
aus|ziehen (sich) ... 126
das **Auto** ... 111, 112
Auto fahren ... 112
die **Autobahn** ... 114
der **Automat** ... 122
automatisch ... 94
der/die Autor/-in ... 157
die Autowerkstatt ... 117

B

das **Baby** ... 61
backen ... 75
die **Bäckerei** ... 122
der Backofen ... 99
das **Bad** ... 93, 162, 177
baden ... 162, 186, 221
die Badewanne ... 93
das **Badezimmer** ... 93
die **Bahn** ... 111, 172
der **Bahnhof** ... 109, 173
das **Bahnsteig** ... 173
bald ... 34
der **Balkon** ... 97
der **Ball** ... 159
die **Banane** ... 77
die **Bank** ... 182
bar ... 125
die **Bar** ... 46, 81
der Bär ... 199
das Bargeld ... 125
der Bart ... 71
der Baseball ... 162
das Baseballstadion ... 162

インデックス

der Basketball 162
die Batterie 99
der **Bauch** 189
bauen 89
der/die Bauer/Bäuerin 144
der **Baum** 198
der/die **Beamte/Beamtin** 144
der Becher 80
bedeuten 137
beginnen 167
begrüßen 43
bei 119, 230
bei uns 59
beide 25
beides 25
die Beilage 82
das Bein 189
der Beistrich 57
bekannt 166
bekommen 82, 125, 140, 165, 181
beliebt 166
benutzen 38
das **Benzin** 112
bequem 92
der **Berg** 196
der **Beruf** 142
beruflich 142
berühren 36
beschreiben 137
besetzt 84, 172
besichtigen 155, 170
besonders 33
besonders gut 26
besser 74, 201, 234
die Bestätigung 58
das Besteck 75
bestehen 140
bestellen 82, 124, 165
besten (am) 74, 106, 234
bestimmt 22
besuchen 48, 163, 170, 192
das **Bett** 98
der Beutel 128
bewegen (sich) 37
bewerben 149
bewerben (sich) 149
die Bewerbung 149
bewölkt 201
bezahlen 84, 125
der Bezirk 194
die Bibel 69
die **Bibliothek** 130, 156
das **Bier** 86
der Biergarten 81
das **Bild** 98, 155, 156
das Billet 172
billig 92, 120
der **Bindestrich** 57
Biologie 134
die Birne 77
bis 109
Bis bald! 43
Bis dann! 43
Bis morgen! 43
Bis später! 43
Bitte! 30
Bitte langsam! 31
Bitte schön! 30
bitten 38

bitter 77
das **Blatt** 148, 198
blau 29
bleiben 203, 229
der **Bleistift** 134
blöd 27
blond 29
die **Blume** 198
das Blumengeschäft 122
die Bluse 127
der **Boden** 93
der/das Bonbon 78
das Boot 111
die Botschaft 179
braten 75, 222
der Braten 83
brauchen 104, 120
braun 29, 71
breit 92
die Bremse 117
bremsen 117
brennen 101, 184
der **Brief** 51, 181
der Briefkasten 97
die **Briefmarke** 181
die Brieftasche 128
die **Brille** 71
bringen 38, 82, 124
das **Brot** 78
das **Brötchen** 78
die **Brücke** 114
der **Bruder** 65
der Bub 62
das **Buch** 134, 156
buchen 168
die Buchhandlung 122
buchstabieren 55, 137
Buddha 69
der Buddhismus 68, 69
buddhistisch 69
der/die Buddhist/in 69
das Büffet 177
der/die Bundeskanzler/in 208, 211
das Bundesland 59
der/die Bundespräsident/in 211, 212
die Bundesregierung 208
Bundesrepublik Deutschland (BRD) 211
Bundesrepublik Österreich 211
bunt 29
die Burg 171
der/die Bürgermeister/in 211, 212
der Bürgersteig 114
das **Büro** 146
der **Bus** 109, 111
die **Butter** 77
BWL 134

C

das **Café** 81
der Camion 112
der Campingplatz 179
die CD 158
die CD-Rom 50
der **CD-Spieler** 99
der **Cent** 182
der/die Chauffeur/in 112
der/die **Chef/in** 146
das China 27
der/die Chinese/Chinesin 28

インデックス

chinesisch ………… 27
das Chinesisch ………… 28
der/die Christ/in ………… 69
das Christentum ………… 68, 69
circa (ca.) ………… 33
das/die **Cola** ………… 79
der **Computer** ………… 50, 148
das Computerprogramm ………… 50
das Computerspiel ………… 154
der/die **Cousin/Cousine** ………… 65

D

da (従属接続詞) ………… 230
da (副詞) ………… 20, 34, 104
das Dach ………… 97, 213
dafür ………… 208
dagegen ………… 208
dahinter ………… 34
die Dame ………… 62
danach ………… 34
daneben ………… 34
Danke! ………… 30
danken ………… 37
dann ………… 34, 231
darüber ………… 34, 231
darunter ………… 34
Das geht. ………… 31
Das ist (mir) egal. ………… 30
Das ist eine gute Idee. ………… 31
Das ist gleich. ………… 30
Das ist gut! ………… 32
Das ist leider so. ………… 30
Das ist schade! ………… 32
Das ist sehr nett von Ihnen. ………… 30
Das macht nichts! ………… 30
Das macht Spaß! ………… 31
dass ………… 230
die Datei ………… 50
das **Datum** ………… 17
davor ………… 34
dazwischen ………… 34
die Decke ………… 93
dein, deine, dein, deine ………… 219
deiner, deine, dein(e)s, deine ………… 218
das Deka ………… 23, 80
die Demokratie ………… 208
demokratisch ………… 208
denken ………… 37
denn ………… 33, 230
der/die/das/die ………… 216, 217, 231
deshalb ………… 33, 231
deswegen ………… 33
das Dessert ………… 82
deutsch ………… 27
das **Deutsch** ………… 28, 139
der/die **Deutsche/Deutsche** ………… 28
der **Deutschkurs** ………… 131
das **Deutschland** ………… 27
der/die Deutschlehrer/in ………… 131
der Deutschunterricht ………… 132
der **Dezember** ………… 17
der Dialog ………… 37
der/die Dichter/in ………… 157
dick ………… 71
der **Dienstag** ………… 17
dies- ………… 218
dieses Jahr ………… 16
dieser/diese/dieses/diese ………… 18, 218

die Digitalkamera ··· 155
das **Ding** ··· 25
der/die Diplomingenieur/in ··· 58
direkt ··· 109
der/die Direktor/in ··· 58, 131, 146
die **Disko/Diskothek/Disco** ··· 46
die Diskussion ··· 167
diskutieren ··· 207
doch ··· 33, 213
der/die Doktor/in ··· 58
das Dokument ··· 50, 58, 179
der Dollar ··· 182
der Dom ··· 68, 171
der **Donnerstag** ··· 17
der Doppelpunkt ··· 57
das Doppelzimmer ··· 177
das **Dorf** ··· 59, 194
dort ··· 34
die **Dose** ··· 80
draußen ··· 34
drehen ··· 38
drei ··· 14
drei viertel ··· 15
dreimal ··· 172
dreißig ··· 14
dreißigst- ··· 15
dreiundzwanzig ··· 14
dreizehn ··· 14
dreizehnt- ··· 15
drinnen ··· 34
dritt- ··· 15
das Drittel ··· 15
die Drogerie ··· 192
drücken ··· 38, 101
der **Drucker** ··· 50, 148
du ··· 215
dumm ··· 27
dunkel ··· 29, 92
dunkelblau ··· 29
dünn ··· 71
durch ··· 230
die Durchsage ··· 173
dürfen ··· 226
der **Durst** ··· 73, 187
durstig ··· 188
die **Dusche** ··· 93, 177
duschen (sich) ··· 186
die DVD ··· 158
der **DVD-Spieler** ··· 99

E

eben ··· 33
das Eck ··· 114
die **Ecke** ··· 114
die Ehefrau ··· 64
der Ehemann ··· 64
das Ehepaar ··· 64
ehrlich ··· 70
das **Ei** ··· 78
die Eierpflanze ··· 77
eigentlich ··· 33
Eigentlich ja. ··· 32
eilig ··· 173
der Eilzug ··· 174
ein bisschen ··· 24, 82, 139, 235
ein bisschen viel ··· 24
Ein gutes neues Jahr! ··· 30
ein Mal ··· 22
ein paar ··· 24, 25
ein paarmal ··· 22

Ein schönes Wochenende! ····· 44
ein/eine/ein ····· 218, 219
ein|checken ····· 177
eine Million ····· 14
eineinhalb ····· 15, 21
Einen Moment (bitte)! ····· 32
Einen schönen Abend noch! ····· 44
einer/eine/ein(e)s ····· 25, 215, 218
einfach ····· 35, 172
einfache Fahrt ····· 172
die Einfahrt ····· 114
der Eingang ····· 94, 165
einhundert ····· 14
einige ····· 25
ein|kaufen ····· 120
ein|laden ····· 48, 84
die **Einladung** ····· 48
einmal ····· 22, 172
ein|packen ····· 122, 176
ein|richten ····· 98
eins ····· 14
ein|schalten ····· 38, 101
ein|schenken ····· 38, 82
ein|steigen ····· 109
eintausend ····· 14
der Eintritt ····· 167
die Eintrittskarte ····· 165
einundzwanzig ····· 14
Einverstanden! ····· 32
das Einzelzimmer ····· 177
ein|ziehen ····· 38, 89
das **Eis** ····· 78, 86
Eis laufen ····· 162
die Eishalle ····· 162
der Eiskaffee ····· 79
der Elefant ····· 199
elektrisch ····· 101
die Elektrizität ····· 101
der Elektroherd ····· 99
elf ····· 14
elft- ····· 15
pl. **Eltern** ····· 64
das/die **E-Mail** ····· 51
das E-Mail ····· 51
die E-Mail-Adresse ····· 51
der Empfänger ····· 181
Ende (am) ····· 33, 231
Ende+月名 ····· 17
endlich ····· 34
die Endstation ····· 172
die Energie ····· 207
eng ····· 92
das England ····· 27
der/die Engländer/in ····· 28
englisch ····· 27
das **Englisch** ····· 28
die Ente ····· 78
entschuldigen (sich) ····· 37
Entschuldigen Sie, bitte! ····· 30
Entschuldigung! ····· 30
entwerten ····· 111
er ····· 215
der Erdapfel ····· 77
das Erdbeben ····· 195
die Erdbeere ····· 77
die Erdbeermarmelade ····· 79
die Erde ····· 195
das **Erdgeschoss** ····· 95
das Ergebnis ····· 140
erkältet ····· 191

F

インデックス

Freut mich! 44
der Frieden 205
der Friedensvertrag 205
friedlich 206
frisch 76, 201
der/die Friseur/in 186
froh 70
Frohe Ostern! 30
Frohe Weihnachten! 30
fröhlich 70
die Frucht 77
früh 35
früher 34
der Frühling 16
das Frühstück 73, 177
frühstücken 73
der Frühstücksraum 177
fühlen 36
der Führer 170
der Führerausweis 58, 116
der Führerschein 58, 116
die Führung 170
füllen 38
der Füller 134
das Fundbüro 184
fünf 14
fünft- 15
fünfundzwanzig 14
fünfzehn 14
fünfzehnt- 15
fünfzig 14
fünfzigst- 15
funktionieren 99
für 120, 230
der Fuß 189
der Fußball 162
der Fußballplatz 162
das Fußballspiel 159
das Fußballstadion 162
der/die Fußgänger/in 114
die Fußgängerzone 114

G

die Gabel 75
die Galerie 155
der Gang 93
ganz 19, 33
ganz gut 26, 189
gar nicht 22
ganz schlimm 27
die Garage 97, 117
die Garantie 123
die Garderobe 165
der Garten 97
das Gas 101
der Gasherd 99
der Gast 48, 81
das Gasthaus 179
der Gasthof 179
gebacken 75
geben 38, 82, 222, 223
geboren sein 61
gebraten 75
das Geburtsdatum 61
der Geburtsort 61
der Geburtstag 46, 61
die Geburtstagsfeier 46
die Geburtstagsparty 46
gedeckt 192
die Gefahr 205

gefährlich 145, 206
gefallen 122, 153, 222, 223
das Gefühl 36
gegen 20, 230
der Gegenstand 25
gegenüber (von) 34
gehen 23, 37, 104, 106, 117, 227, 229
gehören 159, 223
der Gehsteig 114
die Geige 154
gekocht 75
gelb 29
das **Geld** 125, 207
der/die Gemeindepräsident/in 212
das **Gemüse** 77
gemütlich 92
Genau! 32
genug 24, 25, 74
geöffnet 123, 167
das Gepäck 176
die Gepäckannahme 176
die Gepäckaufbewahrung 176
gerade 34, 173
geradeaus 106
das Gerät 158
Germanistik 134
gern/Gern! 32, 74, 234
gern(e) tun 153
das **Geschäft** 122, 146
das **Geschenk** 48
Geschichte 134
geschieden 64
das **Geschirr** 75, 102
das Geschlecht 62
geschlossen 94, 123, 167
pl. **Geschwister** 65
das Gesicht 71, 189
das Gespräch 37
der Gespritzte 79
gestern 18
gesund 191
die **Gesundheit** 191
Gesundheit! 44
das **Getränk** 73, 79
getrennt 64, 84
das Gewicht 23
der Gewinn 207
gewinnen 160
das Gewitter 203
das Gewürz 79
die Gitarre 154
die Glace 78
das **Glas** 75, 80
der Glaube 68
glauben 37
gleich 34, 207
gleich daneben 34
das **Gleis** 173
das **Glück** 154
glücklich 70
die Glühlampe 99
das Go 154
golden 29
das Golf 162
der Golfplatz 162
der/die **Gott/Göttin** 68
Gott sei Dank! 32
der Gottesdienst 68
der/die Gouverneur/in 212

der **Grad** …… 203
das **Gramm** …… 23, 80
die Grammatik …… 137
gratis …… 125
grau …… 29, 71
die **Grenze** …… 179
grillen …… 75
die **Grippe** …… 191
groß …… 35, 71, 92
groß(es) A …… 57
die **Größe** …… 126
pl **Großeltern** …… 65
die **Großmutter** …… 65
die Großstadt …… 194
der **Großvater** …… 65
Grüezi! …… 42
grün …… 29, 198
die Grundschule …… 131
die **Gruppe** …… 168
die Gruppenreise …… 168
Grüß dich! …… 42
Grüß Gott! …… 42
gucken …… 36
das/der Gulasch …… 83
gültig …… 179
günstig …… 92
die Gurke …… 77
der Gürtel …… 128
gut …… 26, 35, 76, 139, 145, 166, 189, 201, 234
Gut! …… 32
Gute Besserung! …… 30, 44
Gute Fahrt! …… 151
Gute Nacht! …… 43
Gute Reise! …… 44, 151
Guten Abend! …… 42
Guten Appetit! …… 30, 44, 73
Guten Flug! …… 151
Guten Morgen! …… 42
Guten Tag! …… 42
das Gymnasium …… 130
die Gymnastikübung …… 160

H

das **Haar** …… 71, 189
haben …… 125, 222, 223, 228, 229
haben+過去分詞 …… 229
das Hackfleisch …… 78
der **Hafen** …… 111
das Hähnchen …… 78
halb …… 15, 19
die Halbpension …… 177
die **Hälfte** …… 15
die Halle …… 160
Hallo! …… 42
der Hals …… 189
Halt! …… 114
halten …… 38, 116, 222
die **Haltestelle** …… 111
der Hamburger …… 83
die **Hand** …… 189
der **Handschuh** …… 127
die Handtasche …… 128
das **Handtuch** …… 93, 186
das **Handy** …… 51
die **Handynummer** …… 51
hängen …… 38, 98
hart …… 35, 76
hässlich …… 71
der Hauptbahnhof …… 173

hungrig …… 74, 188
husten …… 191
der **Hut** …… 127

I

der ICE …… 174
ich …… 215
Ich bin nicht zufrieden. …… 31
Ich freue mich. …… 31
Ich fühle mich wohl. …… 31
Ich habe eine Frage. …… 31
Ich habe eine gute Idee. …… 31
Ich habe keine Idee. …… 31
Ich kann das verstehen. …… 31
Ich verstehe das nicht. …… 31
Ich weiß es nicht. …… 31
Ihnen / Dir auch! …… 30
ihr …… 215
ihr/ihre/ihr/ihre …… 219
Ihr/Ihre/Ihr/Ihre …… 219
ihrer/ihre/ihr(e)s/ ihre …… 218
Ihrer/Ihre/Ihr(e)s/Ihre …… 218
im+ 季節 …… 16
im+ 月名 …… 17
der Imbiss …… 81
immer …… 22, 235
in …… 119, 230
in et sein …… 135
die Industrie …… 207
Informatik …… 134
die **Information** …… 170
der Inhalt …… 23
inklusive …… 84
die Innenpolitik …… 208
ins Bett gehen …… 187
die **Insel** …… 197
das Institut …… 131
intelligent …… 70
der Intercity/IC …… 174
interessant …… 145, 166
interessieren (sich) …… 153
international …… 28
das **Internet** …… 50
die Internetseite …… 50
die Internetverbindung …… 50
das Interview …… 158
der Islam …… 68, 69
Ist das wahr? …… 32
das Italien …… 27
der/die Italiener/in …… 28
italienisch …… 27
das Italienisch …… 28

J

ja …… 33, 213
Ja, bitte! …… 32
Ja, das mache ich. …… 32
die **Jacke** …… 127
das **Jahr** …… 16, 21 61
die Jahreszeit …… 16
das Jahrhundert …… 16
jährlich …… 22
der Jänner …… 17
der **Januar (im)** …… 17
das **Japan** …… 27, 212
der/die **Japaner/in** …… 28, 66
japanisch …… 28
das **Japanisch** …… 28
Japanisches Meer …… 197
japanisches Schach …… 154

Japanologie ······ 134
die **Jeans** ······ 127
jed- ······ 22, 25, 218
jeder/jede/jedes ······ 218
jemand ······ 25, 218
jetzt ······ 34
der **Job** ······ 142
jobben ······ 142
der/das Joga ······ 163
joggen ······ 163
das Jogging ······ 163
der Joghurt /Jogurt ······ 77
der/die Journalist/in ······ 157
der/die Jude/Jüdin ······ 69
das Judentum ······ 68, 69
jüdisch ······ 69
das Judo ······ 162
die Jugendherberge ······ 179
der **Juli** ······ 17
jung ······ 61, 71
der **Junge** ······ 62
der **Juni** ······ 17
Jupe ······ 127
Jura ······ 134

K

der **Kaffee** ······ 79
das Kaffeehaus ······ 81
die Kaffeemaschine ······ 99
der Käfig ······ 199
der/die Kaiser/in ······ 208
der Kakao ······ 79
das Kalbfleisch ······ 78
der Kalender ······ 128
kalt ······ 35, 76, 188, 201
die **Kamera** ······ 155
kämpfen ······ 205
das Kännchen ······ 75
der Kanton ······ 59
kaputt ······ 99, 117, 189
die Karaokebar ······ 153
das Karate ······ 162
die Karotte ······ 77
die **Karte** ······ 51, 107, 125, 165, 181
die **Kartoffel** ······ 77
der **Käse** ······ 77
die **Kasse** ······ 125, 146, 165, 182
der Kasten ······ 80
die **Katastrophe** ······ 205
katholisch ······ 69
die **Katze** ······ 199
kaufen ······ 89, 124, 163
das **Kaufhaus** ······ 122
der/die Kaufmann/-frau ······ 144
kaum ······ 22, 24
Kein Problem! ······ 32
kein/keine/kein/keine ······ 24, 213, 219
keiner/keine/kein(e)s/keine ······ 26, 215, 218
der **Keller** ······ 95
der/die Kellner/in ······ 81
das Kendo ······ 162
kennen ······ 55
kennen|lernen ······ 55
der/das Ketchup/Ketschup ······ 79
die Kette ······ 128
die Kiefer ······ 198
das **Kilo**(gramm) ······ 23, 80
der/das **Kilometer** ······ 23

L

das **Licht** 99
die **Liebe** 36
lieben 36
lieber 74, 234
liebsten (am) 74, 234
das **Liechtenstein** 27
der/die **Liechtensteiner/in** 28
liechtensteinisch 27
liegen 36, 91, 107
liegen lassen 176
der Liegewagen 174
der **Lift** 95
der Likör 86
lila 29
die Limo 79
die Limonade 79
die **Linie** 109
links 34, 106
die Liste 120
der/das **Liter** 23, 80, 112
die Literatur 156
live 158
der Lkw, LKW 112
der **Löffel** 75
der Lohn 144
das **Lokal** 46, 81
lösen 140, 205
los|gehen 38
die **Lösung** 140, 205
der Löwe 199
die Lücke 140
die **Luft** 201
die Lust 49
lustig 70, 166

M

machen 38, 58, 75, 144, 225
das **Mädchen** 62
der Magen 189
Magister 58
Mahlzeit! 44, 73
der **Mai** 17
Mal 22
malen 155
man 25, 215
manch- 25, 218
mancher/manche/manches 218
manchmal 22
die Mandarine 77
der **Mann** 62, 64
männlich 62
der **Mantel** 127
die **Mappe** 134
der Marathon 163
die Margarine 77
markieren 50
der **Markt** 120, 207
der Marktplatz 120
die **Marmelade** 79
der **März** 17
die **Maschine** 175
Master 58
die Maus 50, 199
die Mayonnaise 79
der/die Mechaniker/in 117, 144
das **Medikament** 192
meditieren 68
Medizin 134
das **Meer** 197

das Mehl 78
mehr 234
mehrere 25
mein/meine/mein/meine 218
meinen 37, 137
meiner/meine/mein(e)s/mein 218
meist- 25
meisten (am) 234
meistens 22
die Melanzani 77
die Melone 77
der **Mensch** 25
das Menü 82
das **Messer** 75
der/das **Meter** 23
die Metropole 59
die **Miete** 91
mieten 91, 112
der/die Mieter/in 91
der Mietwagen 112
der **Mietvertrag** 91
die Mikrowelle 99
die **Milch** 77, 79
der Milchkaffee 79
die **Million** 14
Millionen 14
das Mineral 79
das **Mineralwasser** 79
der/die Ministerpräsident/in 211, 212
minus 14, 203
die **Minute** 21
der Mistkübel 102
mit 91, 177, 230
mit|bringen 48
mit|kommen 39, 48, 225
mit|nehmen 48, 179, 223
der **Mittag** 18
das **Mittagessen** 73
mittags 18
das Mittagsmenü 82
die Mittagspause 135
die **Mitte** 165
Mitte (in der) 33, 165
Mitte 月名 17
die Mittelschule 131
die **Mitternacht** 18
der **Mittwoch** 17
das **Möbel** 98
möbliert 91, 98
möchte 120, 226
die **Mode** 126
modern 92, 127, 163
mögen 73, 124, 144, 226
möglich 22
die Möhre 77
Moin! 42
der **Moment** 32, 189
Moment mal! 32
der **Monat** 17, 21, 61
der **Mond** 201
der **Montag** 17
morgen 18
der **Morgen** 18
morgens 18
die Moschee 69
der **Motor** 117
das **Motorrad** 111
müde 189
der Müll 102

das Parterre 95
der/die **Partner/in** 63
die **Party** 46
der **Pass** 58, 179
der/die Passagier/in 175
passen 126
passieren 191, 229
pauschal 168
die **Pause** 135, 163
der Pazifik 197
die Pension 179
perfekt 139
der Perron 173
die **Person** 25
der Personalausweis 179
die PET-Flasche 80
der **Pfeffer** 79
das Pferd 199
der Pfirsich 77
die **Pflanze** 198
das Pflegeheim 89
das **Pfund** 23, 80
Philosophie 134
der/die **Pilot/in** 175
der Pilz 77
die Pizza 78
der Pkw, PKW 112
der **Plan** 168
planen 168
der **Platz** 23, 59, 91, 160, 165, 172, 194
Platz nehmen 36
plötzlich 34
plus 14
die **Politik** 134, 208
der/die Politiker/in 208
die **Polizei** 116, 184
der/die Polizist/in 184
pl **Pommes (frites)** 78
das Portmonee 128
die Portion 80
das **Porto** 181
positiv 140
die **Post** 51, 181
die **Postkarte** 51, 181
der Postkasten 97
die Postleitzahl 59
die Präfektur 59
das Praktikum 149
praktisch 92
der/die Präsident/in 208
die Praxis 192
der **Preis** 123
preiswert 120
der/die Premierminister/-in 208, 212
prima 26
der/die Prinz/Prinzessin 208
privat 167
der Privatunterricht 132
pro 22
probieren 36, 73
das **Problem** 205
der/die Professor/in 58
das **Programm** 50, 158, 163
das Projekt 144
der/das **Prospekt** 170
Prost! 30, 86
protestantisch 69
das Prozent 15
die **Prüfung** 140

Q

R

S

インデックス

schmecken ········ 36, 73, 223
der Schmerz ········ 187
schminken (sich) ········ 186
schmutzig ········ 102, 127, 186
der Schnaps ········ 86
der Schnee ········ 203
schneiden ········ 38, 75, 191
schneien ········ 203
schnell ········ 35, 116, 139
schnellsten (am) ········ 106
das Schnellrestaurant ········ 81
der Schnellzug ········ 174
das Schnitzel ········ 83
der Schnupfen ········ 191
die Schokolade ········ 78, 79
schon ········ 33
Schon! ········ 32
schön ········ 26, 35, 71, 92, 127, 166, 201, 234
Schön! ········ 32
Schöne Feiertage! ········ 151
Schöne Ferien! ········ 152
Schönen Feiertag! ········ 151
Schönen Urlaub! ········ 152
Schönes Wochenende! ········ 151
die Schorle ········ 79
der Schrank ········ 98
schrecklich ········ 27
schreiben ········ 37, 51, 135, 156
der Schreibtisch ········ 148
schreien ········ 191
der Schrein ········ 69, 171
die Schrift ········ 50
der/die Schriftsteller/in ········ 157
der Schuh ········ 127
die Schule ········ 130
der/die Schüler/in ········ 131, 144
der/die Schulfreund/in ········ 131
schütteln ········ 38
schützen ········ 198
schwach ········ 35, 189, 208
der Schwammerl ········ 77
schwarz ········ 29, 71
das Schwein ········ 199
der Schweinebraten ········ 83
das Schweinefleisch ········ 78
die Schweiz ········ 27
der/die Schweizer/in ········ 28
schweizerisch ········ 27
Schweizerische Eidgenossenschaft ········ 212
schwer ········ 35, 139, 145
die Schwester ········ 65
schwierig ········ 35
das Schwimmbad ········ 162
schwimmen ········ 162, 197
der/die Schwimmer/in ········ 159
sechs ········ 14
sechst- ········ 15
sechsundzwanzig ········ 14
sechzehn ········ 14
sechzehnt- ········ 15
sechzig ········ 14
der See ········ 197
die See ········ 197
sehen ········ 36, 48, 158, 222
die Sehenswürdigkeit ········ 171
Sehr angenehm! ········ 44
sehr ········ 33
sehr gut ········ 26, 189

sehr oft ········· 22
sehr viel ········· 24
sehr wenig ········· 24
die **Seife** ········· 186
sein ······61, 67, 104, 142, 159, 222, 225, 229
sein/seine/sein/seine ········· 219
sein+過去分詞 ········· 229
seiner/seine/seines/seine ········· 218
seit ········· 21, 230
seitdem ········· 230
die **Seite** ········· 156
der/die Sekretär/in ········· 144
die **Sekunde** ········· 21
selbst ········· 33
die Selbstbedienung ········· 81
Selbstverständlich! ········· 32
selten ········· 22
das Semester ········· 132
die Semmel ········· 78
die Sendung ········· 158
der **Senf** ········· 79
der **September** ········· 17
Servus! ········· 42
der Sessel ········· 98
setzen ········· 36
setzen (sich) ········· 36
sich ········· 216
sicher ········· 22
Sicher! ········· 32
Sie ········· 215
sie（三人称単数形）········· 215
sie（三人称複数形）········· 215
sieben ········· 14
sieben zehntel ········· 15
siebenundzwanzig ········· 14
sieb(en)t- ········· 15
siebzehn ········· 14
siebzehnt- ········· 15
siebzig ········· 14
silbern ········· 29
singen ········· 153
die **Situation** ········· 205
der Sitz ········· 172
sitzen ········· 36
der Sitzplatz ········· 165
die Sitzung ········· 146
Ski fahren / laufen ········· 162
so ········· 33
so viel (wie) ········· 24
so wenig ········· 24
die **Socke** ········· 127
das **Sofa** ········· 98
sofort ········· 34
der **Sohn** ········· 64
die Sojasoße ········· 79
solcher/solche/solches/solche ··· 218
sollen ········· 226
der **Sommer** ········· 16
pl **Sommerferien** ········· 151
das Sommersemester ········· 132
das Sonderangebot ········· 123
sondern ········· 231
der Sonnabend ········· 17
die **Sonne** ········· 201
der Sonnenschirm ········· 128
sonnig ········· 201
der **Sonntag** ········· 17
sonst ········· 231
die Soße ········· 79

der **Stift** 134
die Stimme 208
Stimmt! 32
die Stimmung 46
der **Stock** 95
Stopp! 114
stoppen 116
der **Strand** 197
die **Straße** 59, 114
die **Straßenbahn** 111
das Streichholz 87
streng 70
der Stress 144
der **Strom** 101
die Strumpfhose 127
die Stube 93
das **Stück** 80
der/die **Student/in** 130, 144
der Studentenausweis 179
das Studentenheim 89
das **Studentenwohnheim** 89
studieren 133
das **Studium** 130
die Stufe 95
der **Stuhl** 81, 98, 148
die **Stunde** 21, 132
suchen 107, 120, 149, 184, 223
der **Süden** 29
südlich 29
der Südosten 29
der Südwesten 29
das Sumo 162
super 26
der **Supermarkt** 120
die **Suppe** 82
surfen 162
süß 77
die Süßigkeit 78
sympathisch 70
die Synagoge 69
das System 207

T

der Tabak 87
die Tabaktrafik 87
die Tablette 192
die Tafel 134
der **Tag** 18, 21
täglich 22
tagsüber 19
das **Tal** 196
tanken 112
die Tankstelle 112
die Tante 65
der Tanz 46
tanzen 22, 46
die **Tasche** 128, 176
das Taschentuch 186
die **Tasse** 75, 80
die **Tastatur** 50
tätig 142
die Taube 199
tausend 14
tausendst- 15
das **Taxi** 111
das Team 159
die Technik 134, 207
der/die Techniker/in 144
der **Tee** 79
teil|nehmen 160, 223

U

die **U-Bahn** ... 111
üben ... 140
über ... 106, 230
überall ... 34
überhaupt nicht ... 22
übermorgen ... 18
übersetzen ... 137
die Übung ... 140, 160
Uf Wiederleuge! ... 42
die **Uhr** ... 19, 98, 128
um ... 228, 230
um Gottes willen ... 27
um+時間 ... 20
der Umlaut ... 57
um|steigen ... 109
um|ziehen ... 89
unangenehm ... 145
und ... 230
und so weiter (usw.) ... 37
der **Unfall** ... 116, 184
unfreundlich ... 70
ungefähr ... 33
unglaublich ... 27
das Unglück ... 205
die Unibibliothek ... 156
die **Universität** ... 130
unmöglich ... 22
uns(e)rer/uns(e)re/uns(e)r(e)s/uns(e)re ... 218
unser/uns(e)re/unser/uns(e)re ... 219
der **Unsinn** ... 27
unten ... 34
unter ... 230
der **Unterricht** ... 132
unterrichten ... 133
unterschreiben ... 58
die Unterschrift ... 58
unterstützen ... 207
unterwegs ... 170
der **Urlaub** ... 151
pl. USA ... 28
der USB-Stick ... 50

V

der **Vater** ... 64
das Velo ... 111
die Verbindung ... 173
verboten ... 192
verdienen ... 144
der Verein ... 159
vergessen ... 137, 176, 222
verheiratet ... 64
verkaufen ... 89, 124, 144
der **Verkäufer/-in** ... 122
das **Verkehrsamt** ... 170
das Verkehrsmittel ... 111
verkühlt ... 191
die Verkühlung ... 191
verletzt ... 184
verlieren ... 160, 184
vermieten ... 91
der/die Vermieter/in ... 91
verpassen ... 173
versichert ... 144
die Versicherung ... 144
verstehen ... 36, 135
versuchen ... 36

der **Vertrag** 205
verwandt 65
der/die Verwandte 65
der/die Vetter/in 65
das **Video** 158
viel 22, 24, 234, 235
viel- 25
Viel Glück! 30
Viel Spaß! 30, 44
viele 25
Viele Grüße an j[4] 44
Vielen Dank! 30
vielleicht 22
vier 14
viert- 15
das Viertel 15
Viertel nach ... 19
Viertel vor ... 19
vierundzwanzig 14
vierzehn 14
vierzehnt- 15
vierzig 14
vierzigst- 15
das **Visum** 179
der **Vogel** 199
die Volkshochschule 130
voll 24
das Volleyball 162
die Vollpension 177
vom Grill 75
von 65, 230
von hier sein 106
von wo 67
von...bis... 20, 123
vor 19, 230
voraus|sagen 203
vorbei|kommen 48
vor|bereiten 135
vorgestern 18
vor|haben 37, 48
vorher 34
die Vorlesung 133
der **Vormittag** 18
vormittags 18
vorn(e) 34
der **Vorname** 55
vor|schlagen 37
die Vorspeise 82
vor|stellen (sich) 55, 149
das Vorstellungsgespräch 149

W

wachsen 61, 198, 207, 222, 229
der **Wagen** 112, 174
wählen 84, 208
wahrscheinlich 22
der **Wald** 196
die **Wand** 93
wandern 163, 221
wann 20, 214
war 104, 222
die **Ware** 123
warm 35, 76, 188, 201
warten 48, 221, 225
warum 214
was 214, 232
was für (ein/e) 70
Was haben Sie gesagt? 31
Was heißt das? 31
das **Waschbecken** 93

Y

Z

der **Zug** ……… 109, 111, 172
zu|gehen ……… 94
zu|hören ……… 36, 135
zum Beispiel (z.B.) ……… 37
zum Glück ……… 33
Zum Wohl! ……… 30, 86
zu|machen ……… 38, 94
zurück ……… 104
zurück|geben ……… 124
zurück|kommen ……… 39
zusammen ……… 33, 64, 84
der Zuschlag ……… 172
die Zutat ……… 77
zwanzig ……… 14
zwanzigst- ……… 15
zwar ……… 231
zwei ……… 14
zwei drittel ……… 15
zwei Millionen ……… 14
zweihundert ……… 14
zweimal ……… 172
zweit- ……… 15
zweite Klasse ……… 172
zweiundzwanzig ……… 14
die Zwiebel ……… 77
zwischen ……… 231
zwölf ……… 14
zwölft- ……… 15

朝/昼/晩 -s ……… 18
基数詞 Jahre alt ……… 61
基数詞 Monate ……… 61
曜日 -s ……… 17

CD（MP3）付き
場面で学ぶ
ドイツ語基本単語

2013年7月5日　第1刷発行
2024年7月5日　第5刷発行

著　者　真道　杉（しんどう　すぎ）
小笠原藤子（おがさわら　ふじこ）
鈴木伸一（すずき　しんいち）
発行者　前田俊秀
発行所　株式会社 三修社
〒150-0001 東京都渋谷区神宮前 2-2-22
TEL03-3405-4511　FAX03-3405-4522
振替 00190-9-72758
https://www.sanshusha.co.jp
編集担当 永尾真理
カバーデザイン　山内宏一郎（SAIWAI Design）
DTP　ロビンソン・ファクトリー
印刷所　萩原印刷株式会社
製本所　株式会社松岳社

 ISBN978-4-384-05670-9 C0084